*Auf dem Weg zum Michelsberg, 1. Etappe*

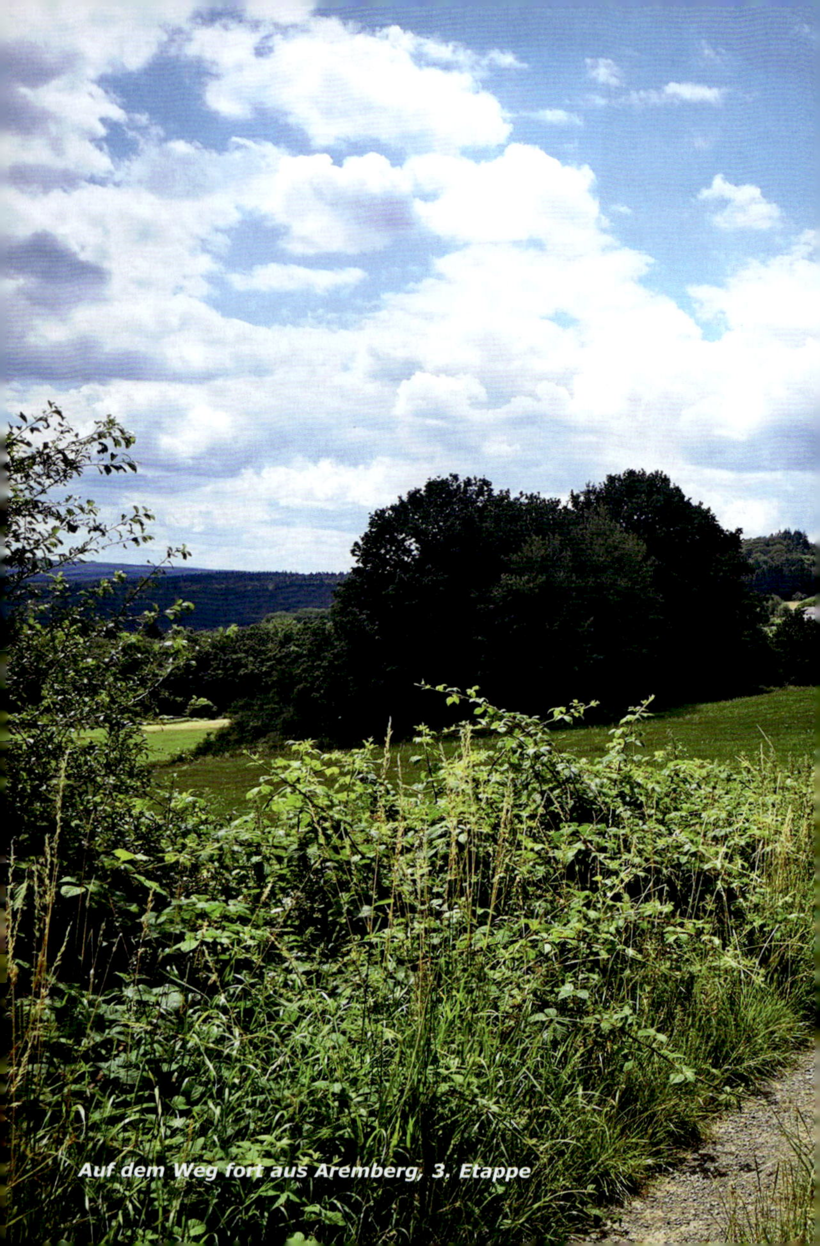

Auf dem Weg fort aus Aremberg, 3. Etappe

Band 454

OutdoorHandbuch

Iris Schulte Renger

# Wasserfallweg mit Lieserpfad

## von Bad Münstereifel nach Lieser

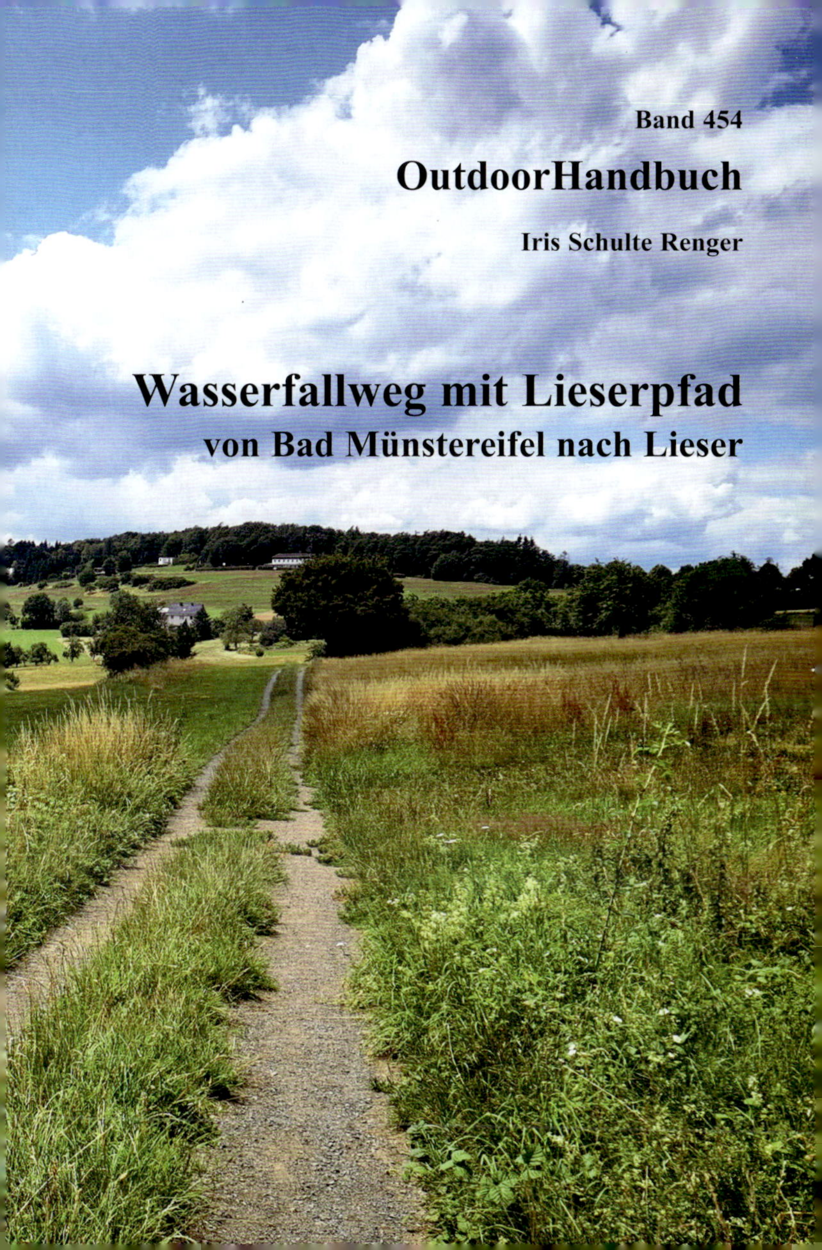

# Wasserfallweg mit Lieserpfad



Die Autorin und der Verlag sind für Lesertipps und Verbesserungen (besonders per E-Mail) unter Angabe der Auflagen- und Seitennummer dankbar.

Dieses OutdoorHandbuch hat 160 Seiten mit 43 farbigen Abbildungen sowie 11 farbigen Kartenskizzen im Maßstab 1:80.000, 9 farbigen Höhenprofilen, 4 farbigen Stadtplänen und einer farbigen, ausklappbaren Übersichtskarte. Es wurde auf chlorfrei gebleichtem, FSC®-zertifiziertem Papier gedruckt, in Deutschland klimaneutral hergestellt und transportiert und wegen der größeren Strapazierfähigkeit mit PUR-Kleber gebunden.

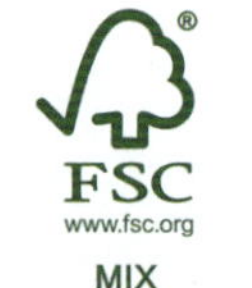


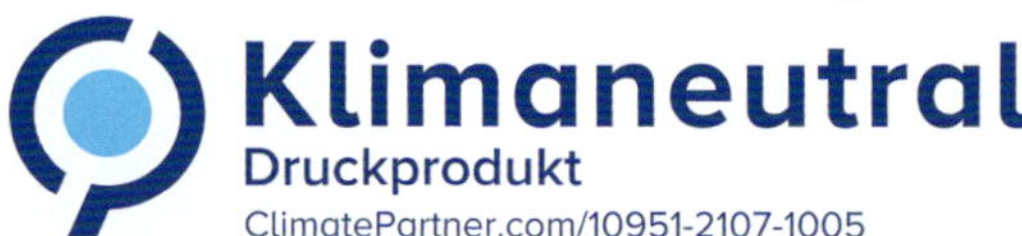


Dieses Buch ist im Buchhandel und in Outdoor-Läden erhältlich und kann im Internet oder direkt beim Verlag bestellt werden.

OutdoorHandbuch aus der Reihe „Der Weg ist das Ziel“, Band 454

ISBN 978-3-86686-689-8 1. Auflage 2021



Text und Fotos: Iris Schulte Renger
Karten: Manuela Dastig
Lektorat: Anna-Lena Ebner
Layout: Alexandra Sauerland

Gesamtherstellung: gutenberg beuys feindruckerei

Dieses OutdoorHandbuch wurde konzipiert und redaktionell erstellt vom:

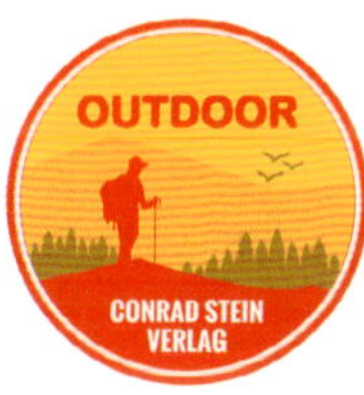


Conrad Stein Verlag GmbH,
Kiefernstr. 6, 59514 Welver,
☏ 023 84/96 39 12,
info@conrad-stein-verlag.de,
www.conrad-stein-verlag.de

Besuchen Sie uns bei Facebook & Instagram:

 www.facebook.com/outdoorverlag

 www.instagram.com/outdoorverlag

Titelfoto: Dreimühlen-Wasserfall in Nohn, 4. Etappe

# Inhalt

# Einleitung

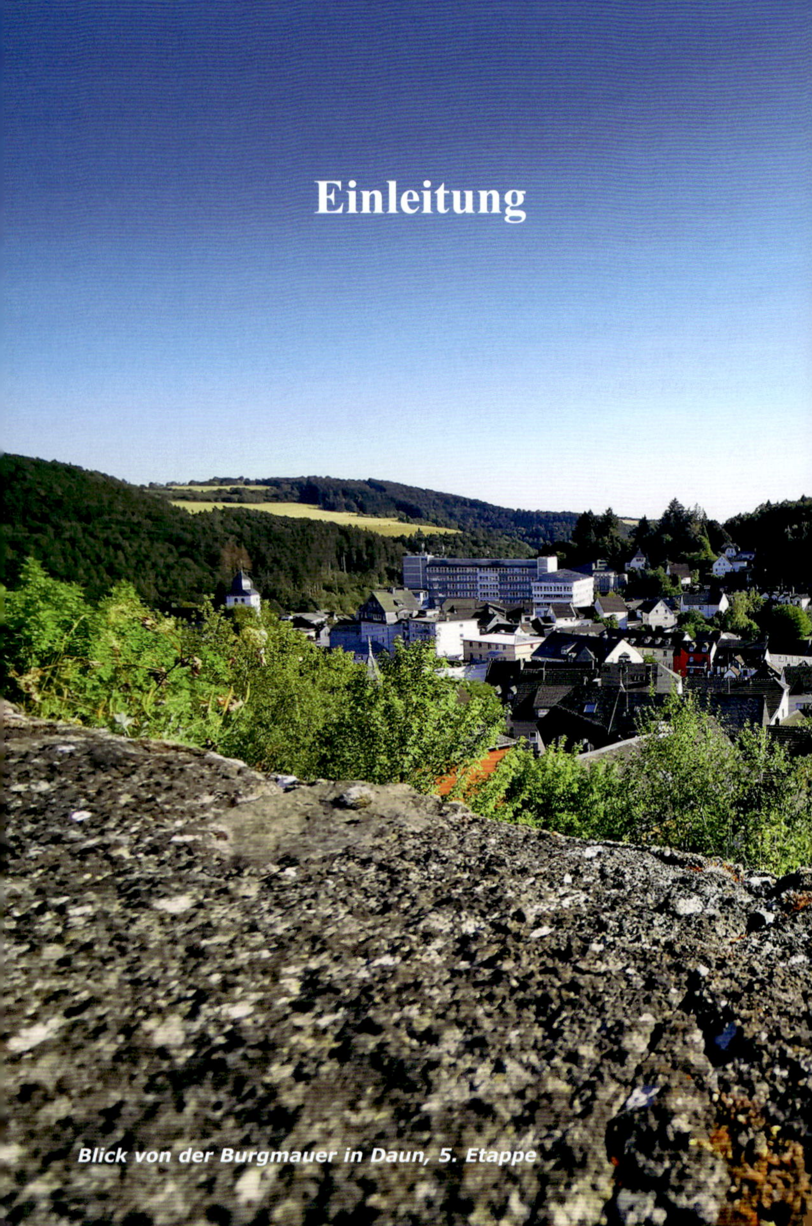

Blick von der Burgmauer in Daun, 5. Etappe

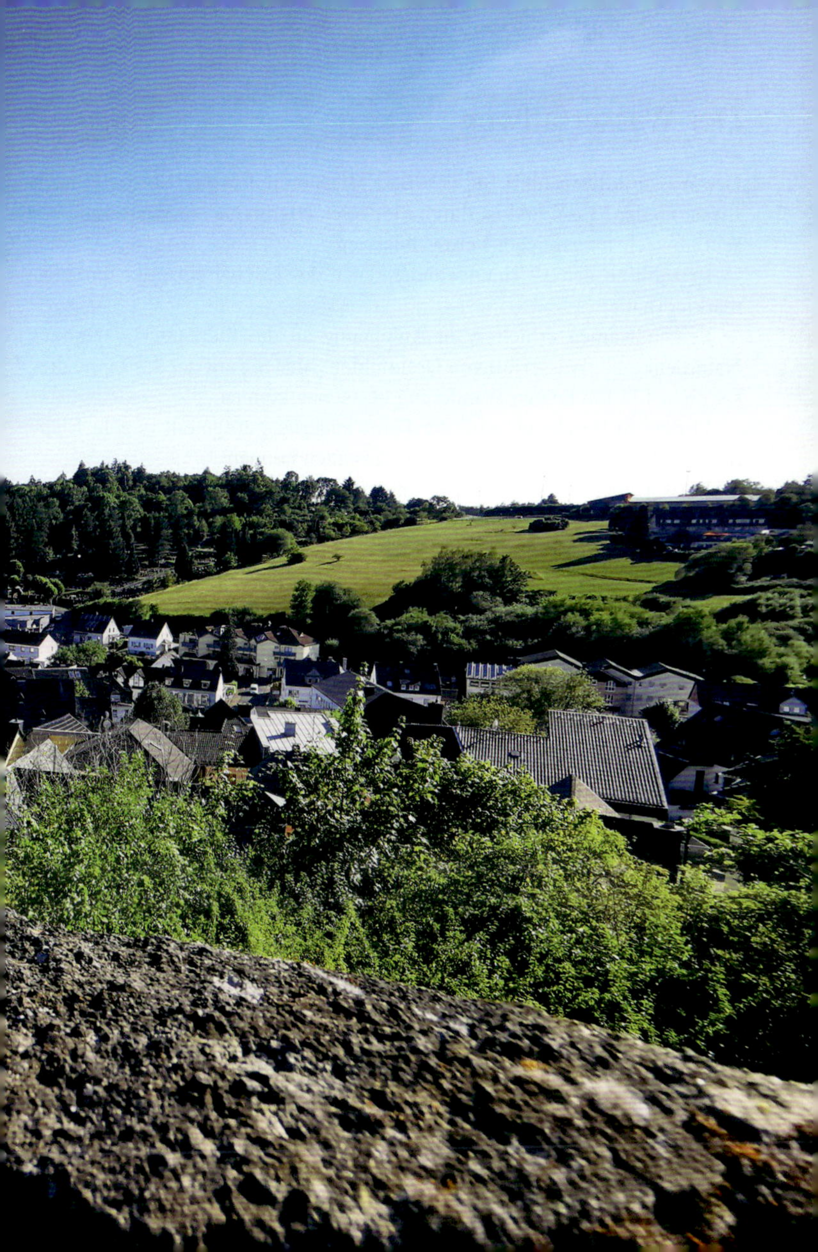

# Der Wasserfallweg

Der Wasserfallweg führt Sie von Bad Münstereifel in der Nordeifel nach Lieser an der Mosel und ist durch die vielen Highlights am Wegesrand ein sehr abwechslungsreicher Fernwanderweg.

Er zählt zu den 17 Hauptwanderwegen des Eifelvereins, der ihn auch markiert hat.

Seinen Namen erhielt er in Anlehnung an das markante Nohner Naturdenkmal „Wasserfall von Dreimühlen", das Sie auf der 4. Etappe dieser circa 135 km langen Wanderung bestaunen können.

In diesem Handbuch wird der Fernwanderweg aufgeteilt in acht Etappen, die Sie allerdings auch variabel gestalten können.

Wasserfälle, Berge, Vulkane, unberührte Täler, freundliche Menschen in der Eifel und an der Mosel – der Wasserfallweg hat vieles zu bieten, was Sie den Alltagsstress vergessen lässt.

Sie starten am Hauptbahnhof in Bad Münstereifel, wandern über die Kuppen des Michelsberges und des Aremberges, lernen unter anderem das Obere Ahrtal, die Kalkeifel, die Vulkaneifel, Manderscheid mit seinen zwei berühmten Burgen sowie das idyllische Liesertal kennen, bis Sie schließlich von den Weinbergen der zauberhaften Moselregion begrüßt werden.

Spektakuläre Aussichten sind auf jeder Tagesetappe inklusive.

Am Ende der 5. Etappe mündet der Wasserfallweg kurz vor Daun in den Lieserpfad, auf dem sich der kleine Bach langsam zu dem Fluss entwickelt, als der er am Ende der 8. Etappe in die Mosel fließt.

Über den Lieserpfad sagte übrigens Deutschlands „inoffizieller Wanderpapst" Manuel Andrack:

„Der Lieserpfad ist der schönste Wanderweg der Eifel. Die Eifel ist das schönste Mittelgebirge Deutschlands. Deutschland ist das beste Wanderland der Welt. Also ist der Lieserpfad der schönste Wanderweg der Welt."

Wenn das der Fall ist, so muss der Wasserfallweg der wohl allerschönste Wanderweg der Welt sein.

# Der Lieserpfad

Der Lieserpfad beginnt an der Mündung des Flusses Lieser beim kleinen Örtchen Boxberg. Von hier aus führt der Wanderweg in Richtung Daun. Kurz vor dem Ort vereint er sich mit dem Wasserfallweg. Die erste offizielle Etappe des Lieserpfades von der Quelle des Flusses in Boxberg bis zu dem Punkt, an dem Sie auf den Wasserfallweg treffen (circa 15 km), wird in diesem Buch als Zusatzetappe beschrieben.

Beziehungsweise: Ab Daun folgen Sie ausschließlich der Lieserpfad-Ausschilderung bis an die Mosel. Die Wasserfalls-Schilder sind für Sie ab sofort Vergangenheit.

Haben Sie lediglich Zeit für einen Kurztrip, so können Sie alternativ also auch in Boxberg starten, wo Sie eine leichte erste Etappe zur Eingewöhnung erwartet. Oder Sie genießen dieses Teilstück als Abschlusswanderung, quasi zum „Auslaufen“, noch vor Ihrer Heimreise.

# Der Eifelverein

Der Wasserfallweg und der Lieserpfad wurden vom Eifelverein, der bereits im Jahr 1888 gegründet wurde, markiert. Hauptvorsitzender ist seit 2019 Rolf Seel.

Der Verein und seine Ortsgruppen organisieren Wanderungen und Radtouren, engagiert sich für den Naturschutz und im Rahmen der Wanderwegepflege. Ehrensache, denn er zeichnet für 17 Hauptwanderwege verantwortlich, die die Eifel von Nord nach Süd und von West nach Ost durchlaufen.

Ehrenamtliche der Ortsgruppen markieren ein rund 2.100 km langes Hauptwanderwegenetz und circa 4.000 km örtliche Wanderwege. Etwa 300 Wegepatinnen und Wegepaten sind in diesem Rahmen aktiv.

Die Ortsgruppe Wittlich ist 1892 zum ersten Mal einen Wanderweg von Wittlich an der Lieser entlang nach Manderscheid gegangen, der somit als Vorläufer des Lieserpfades angesehen werden kann.

Mehr Infos zum Verein finden Sie auf der Homepage.

www.eifelverein.de.

# Danke!

Es gibt Menschen, denen ich als Autorin unbedingt danken möchte – allen voran meiner Familie, besonders Mama und Papa. Danke für einfach alles, denn ohne euch wäre ich nicht(s). Ich liebe euch über alles und das wird sich niemals ändern.

Heinz: Ein ganz großes „Danke!“ für dein Verständnis und deine Geduld sowie ganz einfach dafür, dass du da bist. Bleib noch ganz lange fit.

Theo: Danke, dass du einer der besten Freunde bist, die man sich vorstellen kann.

Judith: Danke für viele tolle Touren, die auch dafür gesorgt haben, dass der Spaß am Wandern bei mir stets wuchs. Danke aber vor allem für deine Freundschaft – und für das gemeinsame Rumspinnen auf dem Jakobsweg, was die „kleinen gelben Bücher“ angeht. Aus eben dieser Spinnerei ist zunächst ein Traum und heute nun tatsächlich Wirklichkeit geworden.

Werner: Danke natürlich für deine großartige Hilfe und Unterstützung.

Amrei Risse: Ein ganz herzliches Dankeschön fürs „An-die-Hand-Nehmen“ beim Einstieg in die Arbeit an diesem Wanderführer. Sie haben mir sehr geholfen durch Kompetenz, Geduld und Freundlichkeit. Anna-Lena Ebner: Danke für die gleichermaßen freundliche, kompetente und unkomplizierte Übernahme des Projektes! Ihre Hilfestellungen bei der Korrektur waren Gold wert, Ihre nette Art ebenfalls.

Danke auch an Ralf Schüller von der Ortsgemeinde Dockweiler sowie an Valerie Schneider vom Dauner Forum für die Vermittlung so vieler wichtiger Informationen zu „Ihren“ Orten.

Außerdem einen herzlichen Dank an Else Hammes von der Tourist-Information Maring-Noviand für Ihren unermüdlichen Einsatz, sogar in Ihrer Freizeit!

Und letztlich danke ich zum einen allen netten Mitwandererinnen, die ihr Einverständnis gegeben haben, auf Fotos in diesem Buch abgedruckt zu werden (Gruß an die Damen in der Schutzhütte Blümesau), sowie meiner Cousine Jess. Zum anderen einen lieben Dank an alle Gastgeberinnen und Gastgeber, die diesen Weg für mich zu etwas Besonderem machten. Es war toll bei Ihnen!

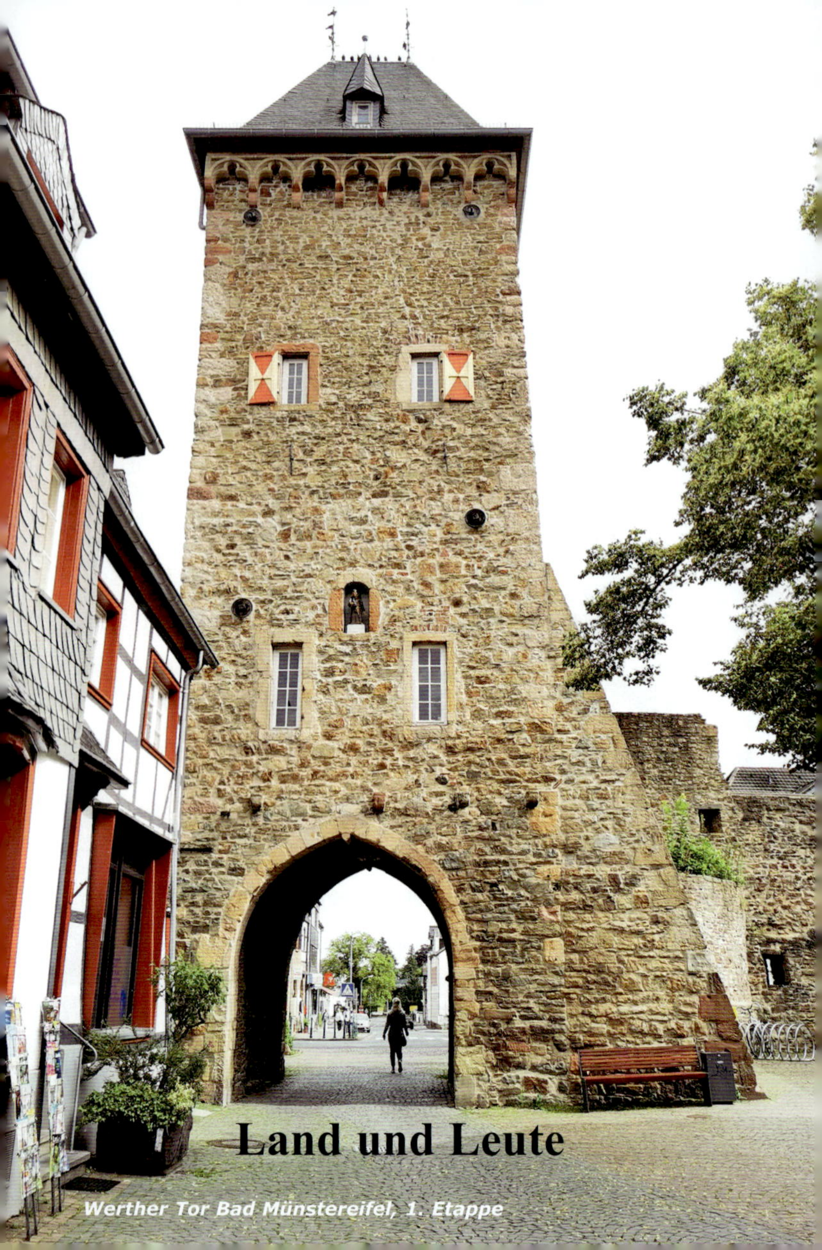

# Land und Leute

Werther Tor Bad Münstereifel, 1. Etappe

Ihre Wanderung führt Sie durch Landstriche der wunderschönen Eifel, einem gut 5.300 $qm^2$ großen deutschen Mittelgebirge. Sie lernen unter anderem die nördliche Waldeifel, die Ahreifel, die östliche Hocheifel, die Moseleifel, die Wittlicher Senke sowie die Moselregion kennen.

Die höchste Erhebung der Eifel ist der rund 750 m hohe Vulkankegel Hohe Acht. Diese Tatsache verrät bereits, was für die Entstehung der faszinierenden Eifellandschaft prägend war: der Vulkanismus. Daher begegnen Sie auf Ihrer Tour unter anderem auch dem Gemündener Maar. Vulkanisch aktiv ist die Eifel übrigens sogar heute noch, wovon zum Beispiel der „blubbernde" Laacher See zeugt: Hier tritt Kohlenstoffdioxid aus.

Die raue Vergangenheit ihrer Heimat konnte der Gastfreundschaft der Eifeler Bevölkerung jedoch nichts anhaben: Sie wechseln für Anfragen von Touristinnen und Touristen natürlich schnell von einer der zahlreichen Eifeler Mundarten ins Hochdeutsche und helfen Ihnen stets gerne weiter. Gut 160.000 Menschen leben in der Eifel. Scheuen Sie sich nicht, Einheimische anzusprechen, wenn Sie ein Problem haben: Auf meiner Wanderung begegneten mir durchweg hilfsbereite Menschen. Mögen sie auf den ersten Blick auch mal so herb erscheinen wie die Eifel selbst, so löst sich dieses Bild bei einem Lächeln von Ihnen sehr schnell auf. Gelassenheit ist eine weit verbreitete Eigenschaft unter den Einwohnerinnen und Einwohnern der Eifel. Durch die Tatsache, dass Sie vorrangig durch kleine Dörfer laufen, werden Sie die Einheimischen vermutlich besser kennenlernen, als das in einer anonymen Großstadt der Fall wäre. Sie werden Sie mit Sicherheit freundlich empfangen, denn Hilfsbereitschaft ist hier an der Tagesordnung. Natürlich immer unter dem Motto: „Wie man in den Wald ruft, so schallt es heraus…"

Übrigens: Wussten Sie, dass der Eiffelturm tatsächlich etwas mit der deutschen Eifel zu tun hat? Der französische Ingenieur, unter dessen Leitung der nach ihm benannte Turm erbaut wurde, hieß Alexandre Gustave Bonickhausen dit Eiffel. Seine Vorfahren stammten aus der Eifel. 1880 ließ er seinen Namen per Gericht auf „Eiffel" verkürzen – wohl weil das für Französinnen und Franzosen leichter auszusprechen war.

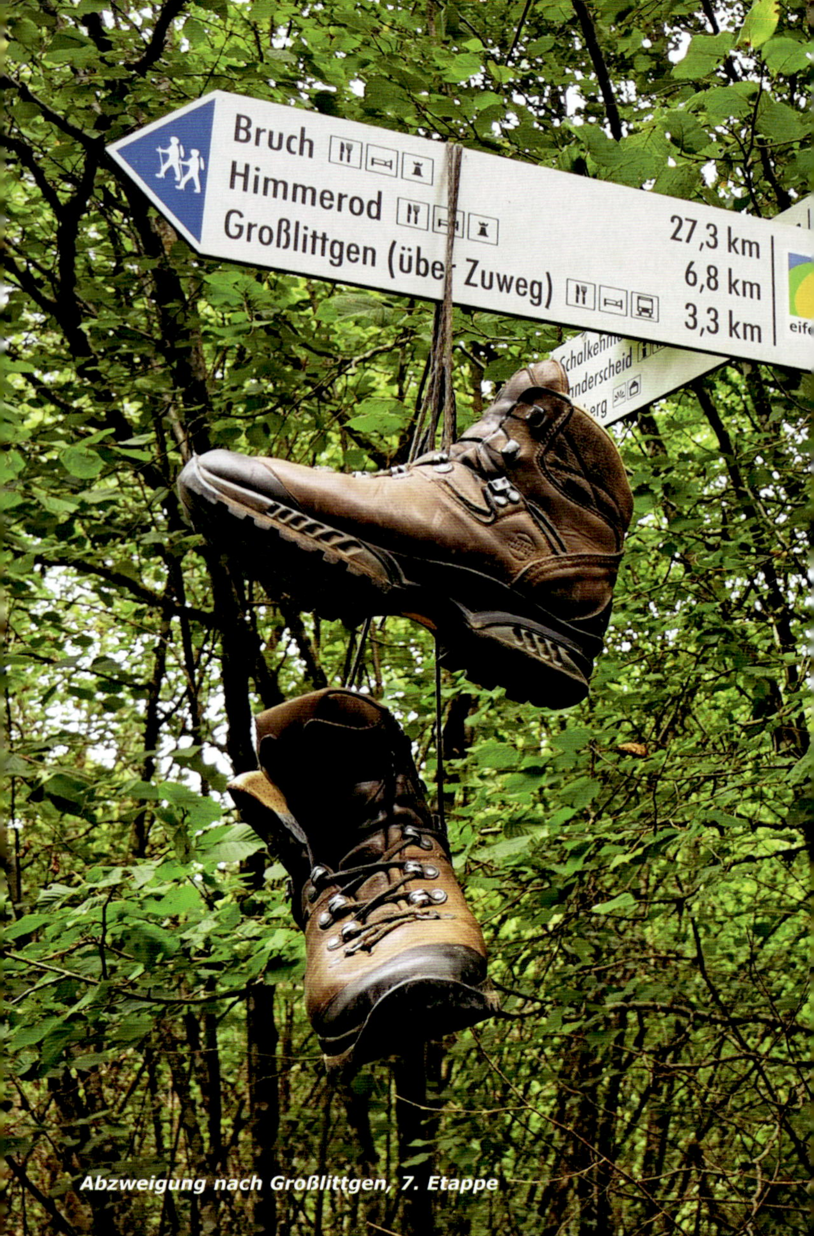


*Abzweigung nach Großlittgen, 7. Etappe*

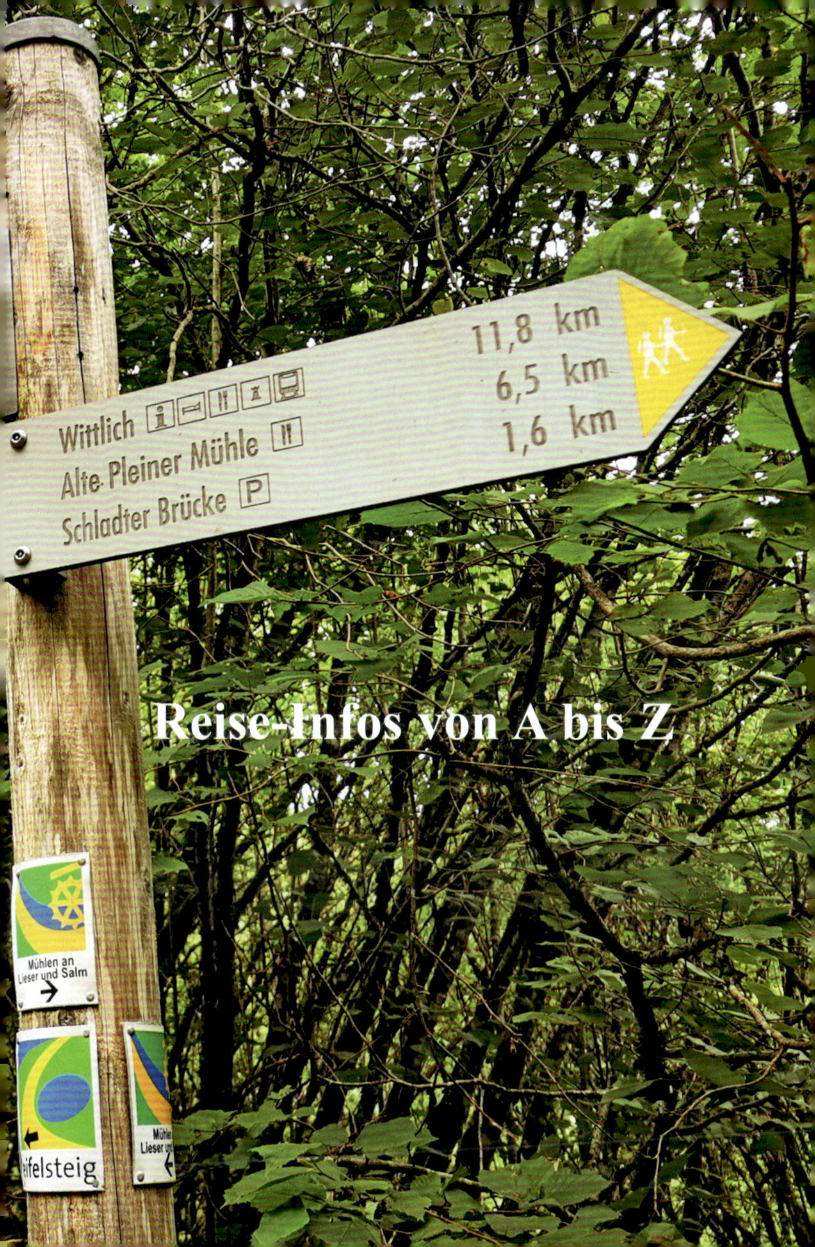


# Reise-Infos von A bis Z

# Aktuelle Informationen und Updates

Es gibt von Zeit zu Zeit Änderungen auf dem Wasserfallweg. Der Conrad Stein Verlag veröffentlicht in diesem Fall Updates zu diesem Buch, die direkt von der Autorin oder auch von Leserinnen und Lesern stammen.

Bitte suchen Sie daher vor Ihrer Abreise auf der Homepage des Verlages unter 💻 www.conrad-stein.verlag.de diesen Buchtitel. Unter „Updates" finden Sie alle wichtigen Informationen. Der hier abgebildete QR-Code führt Sie direkt dorthin.

Aktuelle Infos gibt es außerdem auf den folgenden Seiten:

- 💻 www.eifelverein.de (Hauptwanderwege sowie EifelPfadFinder und Flyer zum Herunterladen)
- 💻 www.lieserpfad.de

# An-/Abreise

🚆 Am bequemsten erreichen Sie den Startpunkt des Wasserfallweges in Bad Münstereifel mit der Bahn, denn praktischerweise beginnt der Wasserfallweg am Bahnhof des „staatlich anerkannten Kneipp-Heilbades".

♦ Deutsche Bahn, ☎ 018 06/99 66 33, ✉ reiseportal@bahn.de, 💻 www.bahn.de

Von Köln aus gelangen Sie mit den Regionalzügen nach Bad Münstereifel. Von Koblenz aus geht es zunächst am besten mit ebendiesen nach Bonn und von dort aus mit der S-Bahn, die ab Euskirchen zum Regionalexpress wird, bis nach Bad Münstereifel.

Für die Rückreise ab Lieser wird ebenfalls die Bahn empfohlen, auch der Umwelt zuliebe. Vom Moselort aus geht es mit dem 🚌 Bus (301) zunächst nach Wittlich.

♦ Verkehrsverbund Rhein-Mosel GmbH, ☎ 08 00/598 69 86, ✉ info@vrminfo.de, 💻 www.vrminfo.de

Vom Wittlicher Bahnhof aus fahren Züge nach Koblenz. Hier finden Sie dann Verbindungen in fast alle deutschen Städte, so auch zurück nach Bad Münstereifel.

♦ weitere nützliche Adresse zur Planung von An- und Abreisen: www.rome2rio.com

Die Anreise per Auto, vom Knotenpunkt Köln aus kommend, gestaltet sich ebenfalls recht einfach. Über die A1 nehmen Sie die Abfahrten Weilerswist, Euskirchen/Zülpich, Euskirchen-Wißkirchen, Bad Münstereifel/Mechernich. Von Koblenz beziehungsweise Mönchengladbach aus geht es über die A61 (Abfahrten: Weilerswist, Euskirchen). Was die weiteren Knotenpunkte anbelangt, von denen aus man am häufigsten anreist, gestaltet sich die Wegbeschreibung wie folgt: Von Aachen aus gelangen Sie über die B258 beziehungsweise B266 in Richtung Monschau, von Trier aus über die B51 beziehungsweise die B265 in Richtung Bitburg und Prüm. Parken können Sie gratis direkt auf dem P+R-Parkplatz am Bahnhof in der Kölner Straße 27.

Möchten Sie lediglich den Lieserpfad laufen, so reisen Sie am bequemsten mit dem Auto zum Startpunkt in Boxberg an. Gratis-Parkplätze gibt es am Gemeindehaus und auf einem Wanderparkplatz in der Nähe der Lieserquelle. Wollen Sie den ÖPNV nutzen, so reisen Sie erst mit Bus oder Bahn nach Wittlich, von dort aus weiter mit dem Bus 300 über Manderscheid nach Daun. Zwischen Daun und Boxberg verkehrt der Bus 520.

## Ausrüstung

Das Wichtigste vorweg: Weniger ist mehr beim Wandergepäck.

Es gibt Ultraleichtspezialistinnen und -spezialisten, die sogar Etiketten entfernen, um leichter unterwegs zu sein. Das müssen Sie für diesen Weg nicht tun. Aber: Sie sollten sich schon genau überlegen, ob Sie zum Beispiel den dicken Schinken fürs abendliche Lesestündchen wirklich brauchen – oder ob da nicht vielleicht auch die digitale Variante reichen würde.

*Ein Poncho im Gepäck ist sinnvoll*

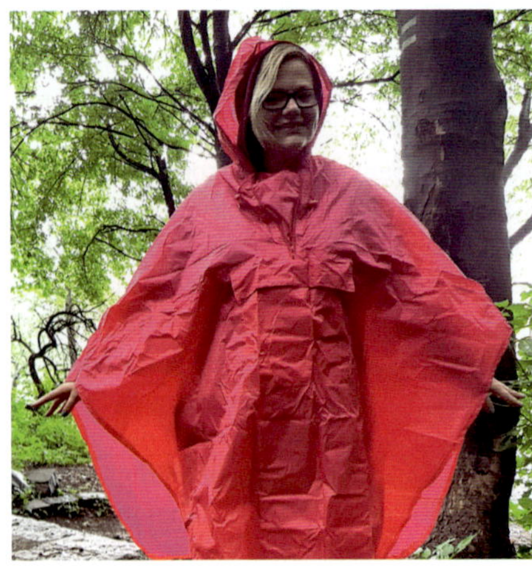

Ein guter Anhaltspunkt ist es, maximal 10 % des eigenen Körpergewichtes mit sich herumzutragen. Wichtig ist, dass alles bequem sitzt. Ist das der Fall, so machen auch ein paar Gramm mehr keinen wesentlichen Unterschied.

Sollte dennoch am Ende zu viel im Rucksack sein: In den größeren Orten des Wasserfallweges haben Sie durchaus die Möglichkeit, überflüssigen Ballast nach Hause zu schicken.

## Trekkingzubehör

- ☐ Wanderrucksack (bequem, verstellbar, wasserfest oder mit Regenhülle)
- ☐ Packsäcke (wasserdichte Beutel zum Verstauen der Kleidung und Dokumente im Rucksack)
- ☐ wasserdichter Umhängebeutel für Geld oder Dokumente, die schnell erreichbar sein müssen
- ☐ leichter Schlafsack für Übernachtung in Jugendherbergen etc.
- ☐ Sonnenbrille
- ☐ Schlauchaufsatz für Wasserflaschen oder Wassersack
- ☐ eventuell Wanderstöcke (nicht unbedingt nötig; einfaches Gelände)
- ☐ eventuell Taschenlampe
- ☐ Taschenmesser
- ☐ eventuell Plastikdose und Besteck für mitzutragende Speisen
- ☐ Handy mit Ladegerät und Ersatzspeicherkarte
- ☐ Powerbank
- ☐ eventuell Fotoausrüstung
- ☐ GPS-Gerät (oder Handy)
- ☐ Wanderkarte(n)

## Kleidung

- ☐ leichte Trekkinghose mit abnehmbaren Beinen (Sie hoffen ja auf gutes Wetter)
- ☐ 2 bis 3 Shirts
- ☐ 2 Sets Unterwäsche (ratsam ist Funktionswäsche oder Merinowäsche)
- ☐ 2 Paar Socken
- ☐ leichte Wanderschuhe (wer schwache Knöchel und Bänder hat, wählt einen höheren Schuh)
- ☐ Badelatschen oder leichte Schuhe/Trekkingsandalen für abends (mit Letzteren könnten Sie gegebenenfalls auch den kompletten Weg laufen, was auch die Autorin getan hat)
- ☐ Regenkleidung oder Poncho
- ☐ Mütze
- ☐ dünner Fleecepulli
- ☐ wasserfeste Outdoorjacke
- ☐ eventuell Badehose oder -anzug

## Hygiene/Gesundheit

- ☐ kleines Handtuch
- ☐ Beutel mit Waschkram wie Shampoo, Zahnpasta, Zahnbürste, Kamm, (Sonnen-)Creme, Rasierzeug, Tampons/Binden etc.
- ☐ Medikamentenbeutel (persönliche Medikamente, Erste-Hilfe-Paket mit Leukoplast, Heftpflaster, Desinfektionsmittel, Mullbinden, Schmerzmittel, Antidurchfallmittel, Mittel gegen Erkältung und Fieber, Blasenpflaster oder Nadel und Faden zum Aufstechen von Blasen, Sportlersalbe (Kytta, Voltaren, Mobilat …), Wundsalbe (Betaisodona, Bepanthen …), Hirschtalg oder Vaseline, um dem „bösen Wolf“ (Wundreiben) vorzubeugen.)
- ☐ Taschentücher

## Dokumente

- ☐ Ausweis
- ☐ dieses Outdoor-Handbuch natürlich
- ☐ EC- oder Kreditkarte
- ☐ Krankenkarte
- ☐ eventuell Führerschein

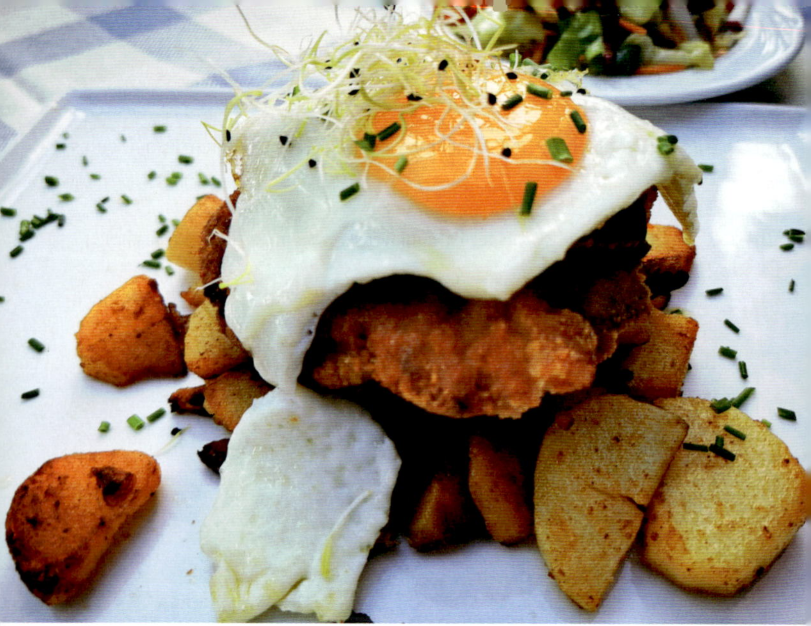

*Öffnungszeiten von Restaurants, Cafés, Bäckereien und auch Pensionen können sich coronabedingt ändern und sollten telefonisch erfragt werden*

## Einkaufen unterwegs/Verpflegung

Den Einkauf der wichtigsten Versorgungsgüter sollten Sie zumindest auf dem ersten Teil des Weges sehr gut planen, denn bei Ihren Etappenzielen handelt es sich immer wieder auch um Orte, in denen es weder Supermarkt noch Bäcker gibt. Zudem sind Etappen dabei, auf denen Sie sich unterwegs nicht mit Lebensmitteln eindecken können. In beiden Fällen wird hier die Situation ab Daun jedoch besser.

Mehr Hinweise finden Sie in den einzelnen Beschreibungen der Tagesetappen.

Außerdem wichtig: Öffnungszeiten von Restaurants, Cafés, Bäckereien und auch Pensionen können sich in diesen Tagen natürlich schnell ändern. Am besten rufen Sie den entsprechenden Betrieb vor Ihrem geplanten Besuch kurz an!

## Erste Hilfe (Arzt/Hausmittel)

In vielen Orten des Wasserfallweges und des Lieserpfades gibt es Apotheken, in denen Sie alles bekommen, was Sie unterwegs an Notfallversorgung brauchen werden.

Telefonnummer für den Notruf/Krankenwagen/Feuerwehr etc.: ☏ 112

## Etappen und Distanzen

Die acht Etappen des Wasserfallweges in diesem Outdoor-Führer sind so gewählt, dass sie zwischen 12 und 24,2 km lang sind. Zusätzlich wird noch der Zuweg von der Quelle der Lieser in Boxberg bis nach Daun geschildert (15,1 km).

Das bedeutet: Sie können die Etappen je nach körperlicher Fitness auch miteinander verbinden. Recht trainierte Menschen sind mit Sicherheit in der Lage, auch zwei Tagesetappen an nur einem Tag zu laufen. Da es jedoch am Wegesrand oft sehr viel zu entdecken gibt, wurden für dieses Buch auch kürzere Etappen beschrieben.

Bei der Planung ist immer zu beachten, dass nicht nur eine Grundgeschwindigkeit von etwa 4 km/h den Zeitberechnungen zugrunde liegen, sondern auch Höhenmeter miteingerechnet sind.

Bei hohen Temperaturen sollten Sie auf jeden Fall genug Getränke mitnehmen, da Sie diese nicht auf jedem Tagesmarsch nachkaufen können.

## GPS-Tracks

Mit diesem Outdoor-Führer haben Sie nicht nur einen kompakten Begleiter für unterwegs erworben, sondern praktischerweise auch gleich die GPS-Tracks aller hier im Buch geschilderten Etappen für Ihre Handy-App oder Ihr GPS-Gerät.

Auf 💻 www.conrad-stein-verlag.de können Sie dieses Buch suchen und unter dem Punkt GPS-Tracks die GPS-Dateien als Zip-Datei herunterladen (entweder startet der Download sofort oder Sie müssen ihn zuvor in einem sich öffnenden Fenster bestätigen). Anschließend entpacken Sie die Datei, die Sie nun in Ihrem Download-Ordner finden, mit einem Programm wie Winzip.

Tipps zum Umgang mit dem GPS-Gerät finden Sie in dem Ratgeber „**GPS** – *Grundlagen · Tourenplanung · Navigation*" von Michael Hennemann, Conrad Stein Verlag, ISBN 978-3-86686-495-5, € 9,90.

## Literaturtipps

- Viele heimatkundliche Themen, Sagen und Legenden aus der Eifel sowie sogar Kochrezepte finden Sie bei der Autorin Sophie Lange unter www.sophie-lange.de. 2021 wird ihr Buch „Wo Göttinnen das Land beschützten" neu vom Eifelbildverlag in Daun herausgegeben.
- Der Autor Michael Preute alias Jacques Berndorf hat im KBV-Verlag (www.kbv-verlag.de) zahlreiche Eifelkrimis veröffentlicht. Zu diesen Krimis gibt es sogar spezielle Wanderwege, beschrieben auf www.eifel.info.
- Im Regionalia-Verlag (www.regionalia-verlag.de) hat Christiana Flock das spannende Buch „Sagen und Legenden aus der Eifel" veröffentlicht (ISBN 978-3-95540-358-4).
- Alle, die noch mehr tolle Orte in der Eifel entdecken möchten, sind mit „Glücksorte in der Eifel: Fahr hin und werd glücklich" von Angelika Koch gut bedient (Droste-Verlag, ISBN 978-3-77002-015-7). Das gleiche Buch, nur über die Mosel, hat Carmen Sadowski veröffentlicht (ISBN 978-3-77002-084-3).

## Radwandern

Der Wasserfallweg und auch der Lieserpfad eignen sich nur sehr bedingt für das Befahren mit dem Rad. Vor allem auf den Etappen ab Daun häufen sich die schmalen und sich durch Wälder schlängelnden Pfade, die zum Teil sogar gesichert sind. Daher empfehle ich, sich die Schönheiten des Wasserfallweges am besten zu erwandern.

## Reisezeit/Klima

Die empfehlenswerteste Wanderzeit ist in der Eifel vom Frühjahr bis inklusive Herbst. Im Winter kann der Schneefall sehr stark sein – und das Wandern soll ja Spaß machen.

## Sehenswürdigkeiten

Einige Sehenswürdigkeiten, derer Sie auf diesem Wege viele erwarten werden, werden in diesem Buch für Sie näher beschrieben. Einen Anspruch auf Vollständigkeit dieser Liste erhebt die Autorin natürlich nicht, da der Platz sehr begrenzt ist und es in diesem Wanderführer ja auch in erster Linie darum gehen soll, dass Sie Ihren Weg finden, anstatt sich im Sightseeing zu verlieren.

## Telefon und Internet

In der Regel haben Sie in den Orten einen recht guten Internet- beziehungsweise Telefonempfang. In manchen dichten Eifelwäldern kann es an Ersterem schon einmal hapern. Dafür gibt es etwa in Niederehe Gratis-WLAN im gesamten Ort.

In den Unterkünften gewährt man Ihnen nahezu überall WLAN – mal gratis, mal gegen einen kleinen Obolus.

Internet-Cafés sind in den kleinen Eifeldörfern dagegen sehr rar gesät beziehungsweise nicht existent.

## Unterkünfte und Starttag

Bitte bedenken Sie, dass Sie besonders zu Beginn des Wasserfallweges durch kleine Eifeldörfer wandern. Das ist idyllisch, bedarf aber auch genauer Planung.

So gibt es an manchen Etappenzielen lediglich einen Landgasthof, in dem Sie zwar mit Abendessen, Frühstück und Lunchpaket versorgt werden – jedoch wird der Köchin oder dem Koch an Ruhetagen auch mal eine Pause gegönnt (vorrangig montags oder dienstags, etwa in Eichenbach (2. Etappe) oder in Niederehe (4. Etappe)).

Das bedeutet: Planen Sie den Starttag Ihres Weges gut, sodass Sie unterwegs stets Verpflegung finden und nicht vor verschlossenen Türen stehen!

Zudem ist es sinnvoll, Ihre Route grob zu planen, damit Sie Übernachtungsmöglichkeiten schon im Voraus buchen können.

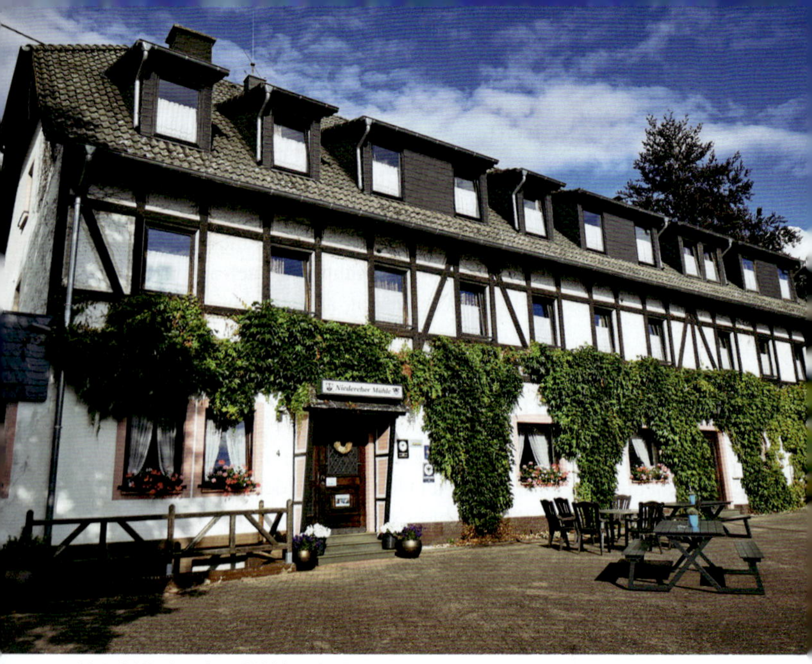


*Hotel Niedereher Mühle, 4. Etappe*

In kleinen Orten könnte es Ihnen sonst passieren, dass kein freies Bett mehr zu finden ist (vor allem jene, die alleine unterwegs sind, könnten Probleme bekommen, da viele Pensionen und Hotels eher Doppelzimmer anbieten und das am liebsten auch für mindestens zwei Nächte).

Einzelzimmer kosten etwa € 40 und aufwärts, Doppelzimmer € 50 und aufwärts.

Die in diesem Buch genannten Gastgeberinnen und Gastgeber haben allesamt ihr Einverständnis gegeben, hier genannt zu werden. Die meisten Häuser liegen nicht weit vom Weg entfernt.

Für Übernachtungen in Jugendherbergen benötigen Sie einen Jugendherbergsausweis.

Alle, die mit Zelt unterwegs sein wollen, finden Campingplätze derzeit (April 2021) ausschließlich außerhalb von Bad Münstereifel, in Ahrdorf, in Dockweiler und in Manderscheid.

# Verkehrsmittel unterwegs

Nähere Informationen zur Anreise und zu möglichen Fahrten zwischen den einzelnen Etappenzielen per Bus, Bahn, AST (Anruf-Sammel-Taxi) und TaxiBusPlus erhalten Sie unter anderem bei den einzelnen Verkehrsverbünden und bei der Deutschen Bahn:

- Verkehrsverbund Region Trier, 018 05/13 16 19, kontakt@vrt-info.de, www.vrt-info.de
- Verkehrsverbund Rhein-Mosel GmbH, 08 00/598 69 86, info@vrminfo.de, www.vrminfo.de
- Verkehrsverbund Rhein-Sieg GmbH, 018 06/50 40 30 und 08 00/350 40 30, schlaue.nummer@vrs.de, www.vrs.de
- Deutsche Bahn, 018 06/99 66 33, reiseportal@bahn.de, www.bahn.de
- Regionalverkehr Köln GmbH (RVK), 024 41/99 45 45 45, www.rvk.de
- Die Stadt Bad Münstereifel informiert über den ÖPNV und den TaxiBusPlus auf www.bad-muenstereifel.de/leben-in-bad-muenstereifel/leben-wohnen/oepnv-taxibus.

Der TaxiBusPlus in Bad Münstereifel bringt Sie wie ein normaler Bus auf dessen Linienweg nach Bedarf und telefonischer Bestellung mindestens 30 Minuten vor Fahrtbeginn zu den regulären Haltestellen. Fährt der TaxiBusPlus an der von Ihnen gewählten Haltestelle, so ist dies mit einem Telefonhörer auf der Fahrplantafel gekennzeichnet.

Die einzelnen Orte, die auf dem Wasserfallweg liegen, sind miteinander durch den ÖPNV verbunden. Hier empfiehlt die Autorin die VRT-Fahrplanauskunft (www.vrt-info.de).

Der ÖPNV verkehrt zwischen Bad Münstereifel (Bahnhof) und Wasserscheide, zwischen Wasserscheide und Wershofen (Dorfplatz), zwischen Wershofen und Ahrdorf (Ost), zwischen Ahrdorf und Niederehe (Kirche), zwischen Niederehe und Dockweiler (Feuerwehr), zwischen Dockweiler und Daun (ZOB), zwischen Daun und Manderscheid (Dauner Straße), zwischen Manderscheid und Wittlich (ZOB) sowie zwischen Wittlich und Lieser (ehemaliger Bahnhof). Jedoch sind auf dem ersten Teil des Weges die Verbindungen recht spärlich gesät; auf der ersten Hälfte des Weges oft sogar nur einmal täglich – und zwar frühmorgens. Informieren Sie sich daher am besten rechtzeitig!

## Wanderkarten

Es gibt bisher keine Wanderkarte, die den kompletten Wasserfallweg abbildet.

Die Wanderkarten des Eifelvereins mit den Nummern

7 (Bad Münstereifel, 1:25.000, ISBN 978-3-94462-037-4),

11 (Hocheifel, Nürburgring, Oberes Ahrtal, 1:25.000, ISBN 978-3-92180-592-3),

20 (Daun, Rund um die Kraterseen, 1:25.000, ISBN 978-3-94462-009-1),

24 (Wittlicher Land, 1:25.000, ISBN 978-3-92180-583-1),

33 (Vulkaneifel um Manderscheid, 1:25.000, 978-3-92180-570-1) und

35 (Wandergebiet Mosel – Bernkastel-Kues, 1:25.000, ISBN 978-3-94462-005-3) veranschaulichen jedoch nahezu jedes Gebiet, durch das Sie laufen werden.

Des Weiteren erhalten Sie eine grobe Übersicht dank der KOMPASS-Wanderkarte Eifel Band 833 (4 Wanderkarten, 1:50.000, im Set inklusive Karte zur Offline-Verwendung in der KOMPASS-App, gefaltet, 2020, ISBN 978-3-99044-848-9).

☺ Die Kartenempfehlungen wurden von der Geobuchhandlung Kiel überprüft. 💻 www.geobuchhandlung.de

## Wandern mit Hund

Obschon die Autorin ohne Hund gewandert ist, sind ihrer Ansicht nach der Wasserfallweg und auch der Lieserpfad beide recht gut auch für begleitende Hunde, sofern sie genügend Kondition besitzen und die entsprechende Verpflegung mitgeführt wird, geeignet. Mit steinigem Gelände, Treppen und schmalen Hangkantenpfaden sollten die Hunde vertraut sein.

In manchen Unterkünften sind Hunde willkommen, in anderen dagegen nicht. Da sich das mitunter sogar ändert (bei Inhaberwechsel zum Beispiel), fragen Sie am besten telefonisch direkt in der von Ihnen favorisierten Unterkunft nach. Sind Hunde willkommen, dann meistens gegen Aufpreis.

In den größeren Orten am Weg finden Sie auch Tierärzte.

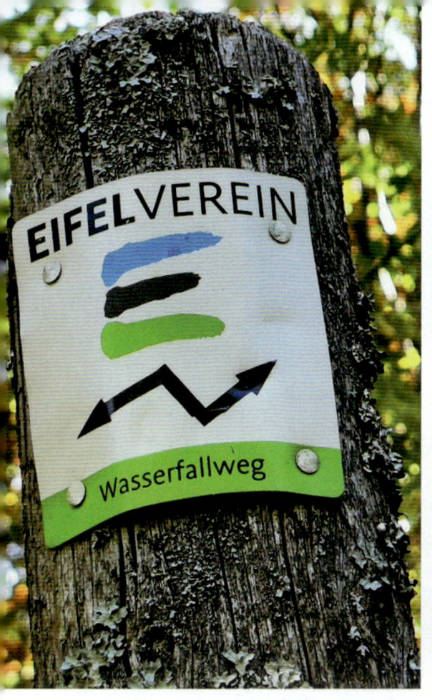


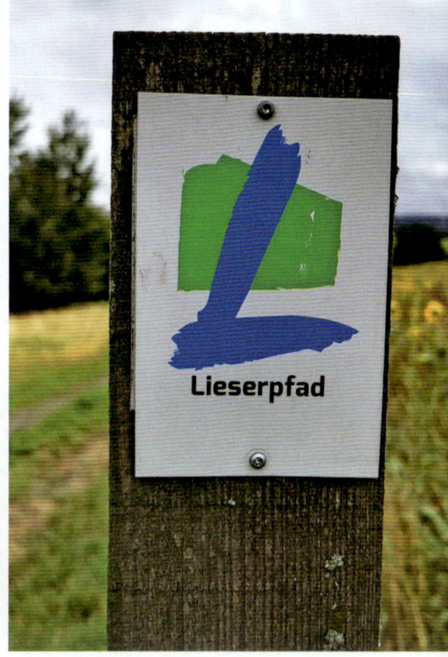


*Wasserfallweg und Lieserpfad sind sehr gut ausgeschildert*

## Wegmarkierungen

Der Wasserfallweg und auch der Lieserpfad wurden hervorragend vom Eifelverein ausgeschildert.

Ersterer ist mit einem dreifarbigen „E“ markiert, wobei Blau, Braun und Grün für Himmel, Erde und Wald stehen. Darüber prangt der Schriftzug „Eifelverein“ und unter dem „E“ das Wort „Wasserfallweg“ auf grünem Grund (leider recht klein).

Ab Daun folgen Sie dem Symbol des Lieserpfades, einem blauen „L“ auf grünem Grund. Unter diesem Symbol findet sich das Wort „Lieserpfad“.

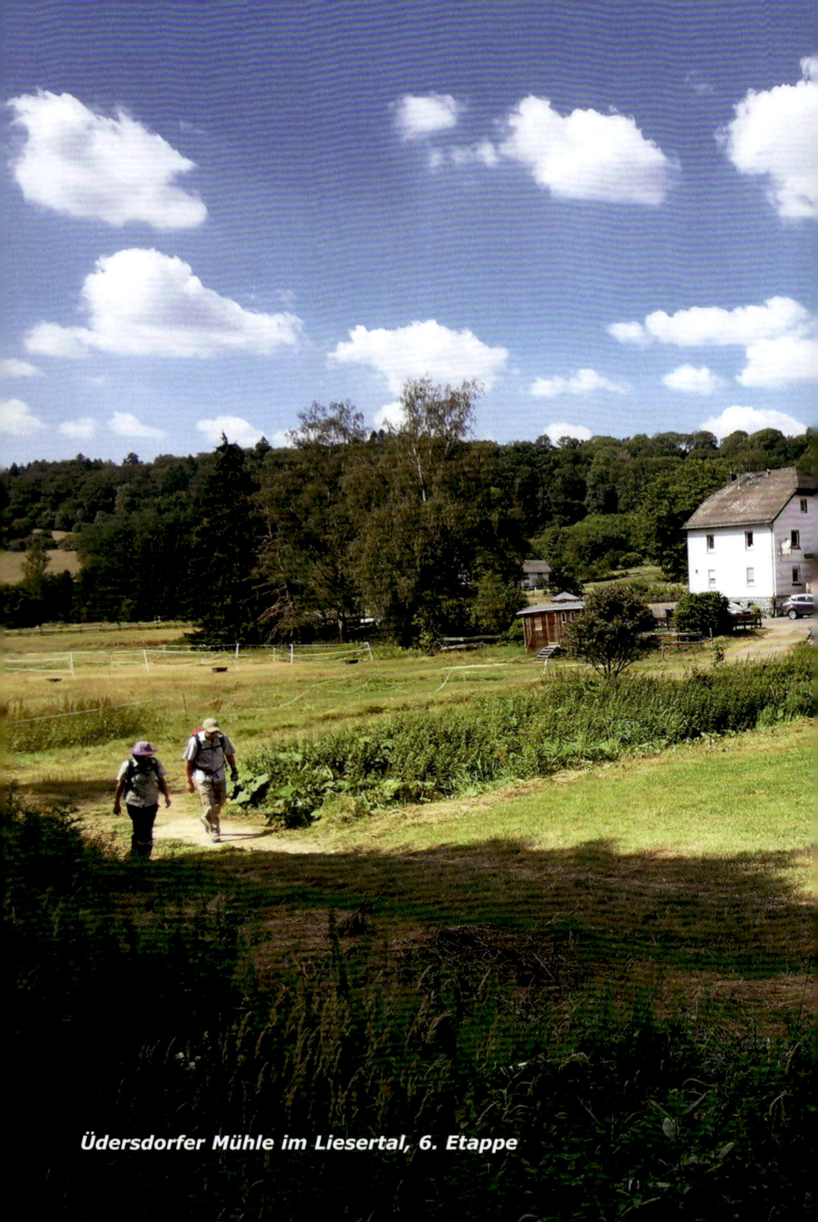

Üdersdorfer Mühle im Liesertal, 6. Etappe

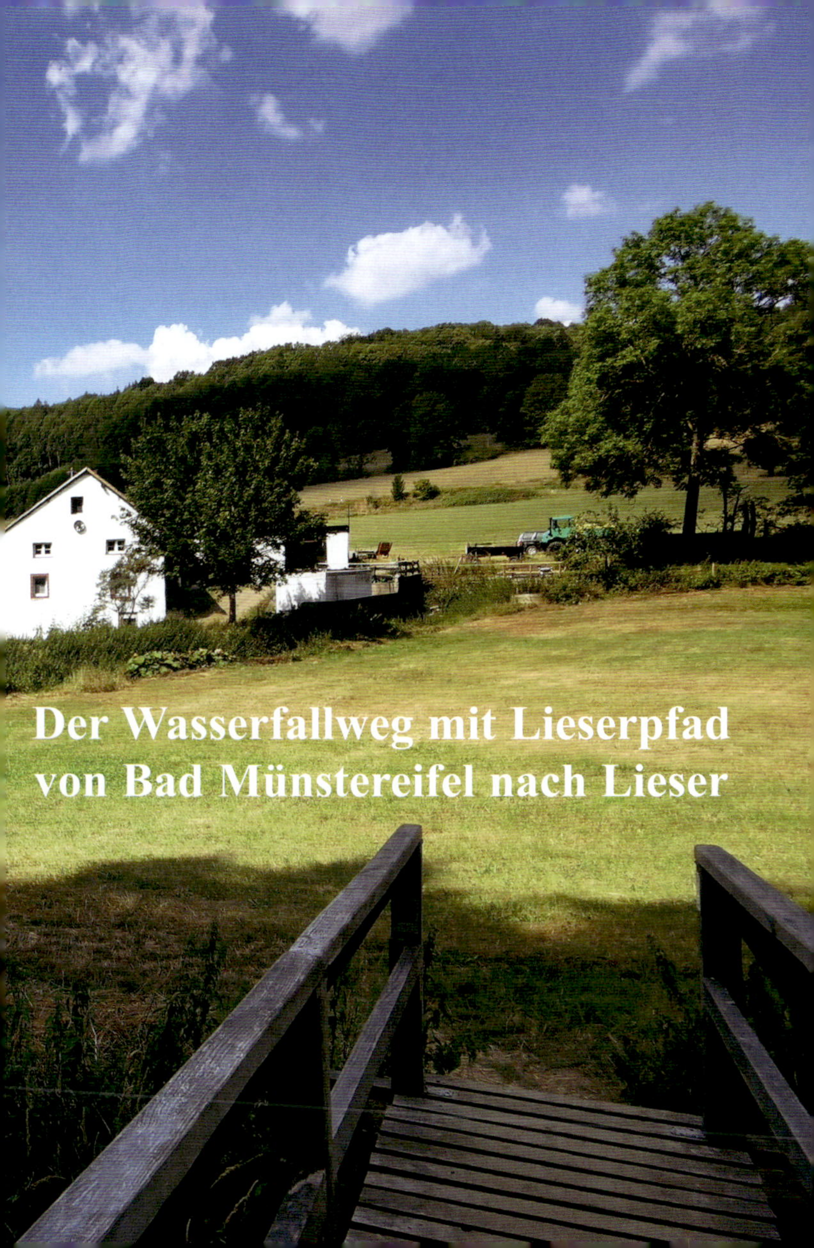

# Der Wasserfallweg mit Lieserpfad von Bad Münstereifel nach Lieser

# Bad Münstereifel

⇧ 280 m, 18.600 Ew.,

Tourist-Information/Kurverwaltung, Kölner Straße 13 (im Bahnhof), 022 53/54 22 44, touristinfo@bad-muenstereifel.de, www.bad-muenstereifel.de, Mo-Fr 10:00-14:30

♦ Tourist-Information im Schwanen-Apotheken-Museum, Werther Straße 15, 022 53/76 31, Di-Fr 14:30-17:00, Sa/So 11:00-16:00

Hotel Grunwald, Kettengasse 4, 022 53/77 32, helga-welter@web.de, www.reisen-eifel.de, ÜF EZ ab € 50, DZ ab € 45-49 pro Person, gut 40 m vom Weg entfernt

Jugendherberge Bad Münstereifel / Rodert, Herbergsweg 1-5, 022 53/54 17 40, bad-muenstereifel@jugendherberge.de www.diejugendherbergen.de, ÜF ab € 18,90, Mindestaufenthalt: 2 Nächte!

Bad Münstereifel, seit 1974 ein staatlich anerkanntes Kneipp-Heilbad, hat heute 57 Stadtteile und wurde im Jahr 830 von Marquard, dem Abt der Benediktinerabtei Prüm, als Kloster gegründet. Zunächst hieß dieses Neumünster; es wurde jedoch aufgrund seiner Lange ziemlich schnell Münstereifel genannt.

Bereits im Jahr 844 wurde dem Kloster eine große Ehre zuteil: Es gelangte in den Besitz der Gebeine eines römischen Märtyrerehepaares. Praktischer Nebeneffekt: Die Tatsache, dass Münstereifel damit nun – abgesehen von Kornelimünster – der einzige Ort in der Erzdiözese Köln war, der über Reliquien verfügte, machte ihn bald zu einem Wallfahrtsort.

Der Tourismus an sich kam ins Rollen, als im Jahr 1881 ein Verschönerungsverein gegründet wurde, der sich nur neun Jahre später dem Eifelverein anschloss.

Münstereifel machte ab 1900 sogar weltweit von sich reden: Erich Hettner aus Bremen erwarb eine hier zum Verkauf stehende Schleifmühle, aus der er 1901 eine Bohrmaschinenfabrik machte und die schnell als größter Arbeitgeber der Region Euskirchen galt.

Seit 1970 gibt es die Fabrik zwar nicht mehr, einige der Bohrmaschinen, die zu den größten ihrer Art auf der ganzen Welt gehören, sollen jedoch noch heute in Betrieb sein.

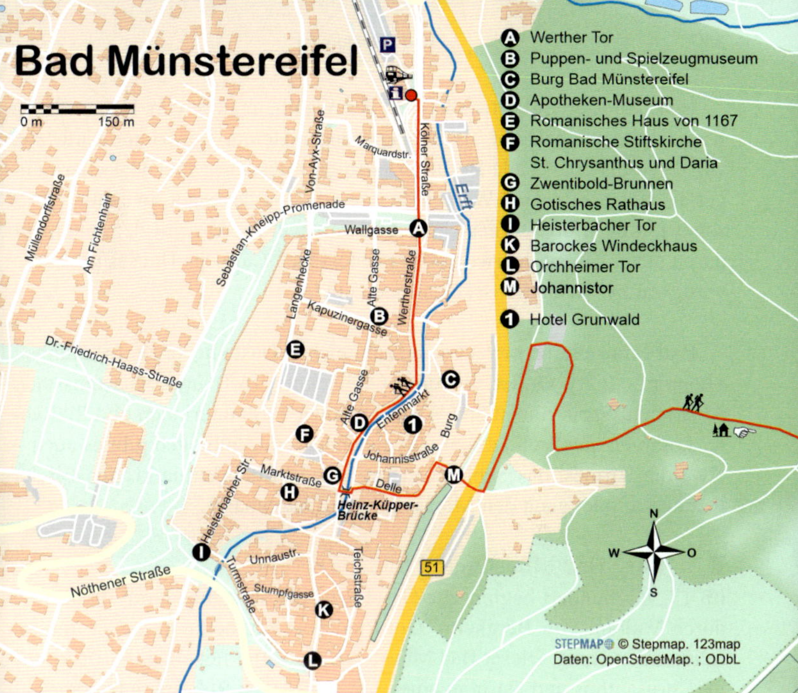


Mindestens einen berühmten Sohn hat die Stadt auch: Dr. Friedrich-Joseph Haass, der „heilige Doktor von Moskau“, wurde hier am 10. August 1780 geboren. In der Augenheilkunde in Wien ausgebildet machte er Bekanntschaft mit der russischen Fürstin Repnin, folgte der Dame nach Moskau und wurde dort nicht nur zum Chefarzt, sondern auch zum Hausarzt der Oberschicht.

Er setzte sich gleichzeitig als Mitglied des Gefängnisschutzkomitees für nach Sibirien verbannte Strafgefangene ein. So ist es etwa sein Verdienst, dass man die schweren Eisenfesseln, in denen die Gefangenen geschlagen waren, letztlich durch eine leichtere Variante ersetzte. Immer wieder engagierte er sich für Bedürftige. Seiner Beerdigung im Jahr 1853 wohnten daher wohl auch um die 20.000 Menschen bei – und das ganz ohne Facebook und Instagram. Im Jahr 2018 wurde Haass sogar seliggesprochen.

Bad Münstereifel ist außerdem der Wahlheimatort von Heinz Georg Kramm, besser bekannt als Schlagersänger Heino. Das Heino-Café zog von 1996 bis 2020 viele Besucherinnen und Besucher an, sodass der Sänger als Botschafter und Werbeträger zum Wohle der Stadt im Januar 2019 sogar mit der Ehrenbürgerschaft „belohnt“ wurde. Was mit dem nunmehr durch einen Eigentümerwechsel geschlossenen Café des Hauses passieren wird, war bei Redaktionsschluss noch unklar.

Bad Münstereifel erfreut seine zahlreichen Gäste heute als Erholungs-, Shopping- (City Outlet vor dem Orchheimer Tor!) und Museumsstadt. Aber auch Wanderinnen und Wanderer sowie Radfahrerinnen und Radfahrer kommen hier nicht zu kurz. Spannende Veranstaltungen gibt es auch – etwa die Kirmes, das Schlemmerfest, einen Mittelaltermarkt, den Eifeler Kräutertag oder auch den Michaels- und Bauernmarkt.

## ♜ Burg Bad Münstereifel

Im 13. Jahrhundert beginnt die Geschichte der Burganlage mit ihrem Bau durch Walram von Bergheim. Gottfried von Bergheim stellte sie im 14. Jahrhundert fertig. Dieser Bad Münstereifeler Ritter liegt in der Stiftskirche St. Chrysanthus und Daria in einer 3 m messenden Ruhestätte begraben.

Französische Truppen zerstörten große Teile der Burg im Jahr 1689, was es den Menschen der Stadt allerdings ermöglichte, deren Überreste für den Bau eigener Häuser zu verwenden.

1911 kaufte die Stadt die noch erhaltenen Gebäudeteile, erweiterte den Tanzsaal, baute eine Gaststätte und sanierte Mauerwerk und Türme.

Die Burg befindet sich seit 1984 in Privatbesitz und beheimatet heute eine Galerie, ein Restaurant sowie mehrere Luxuswohnungen.

## Erfttalbahn

Über 130 Jahre hat die 14 km lange Strecke der Erfttalbahn von Euskirchen bis Bad Münstereifel mittlerweile auf dem Buckel, denn sie wurde im Jahr 1890 eröffnet. Im Jahr 1933 wurde die Höchstgeschwindigkeit auf dieser beliebten Strecke, auf der ab 1936 dann fast jeden Sonntag ein vollbesetzter Sonderzug rollte, gar von 45 auf 60 km/h erhöht.

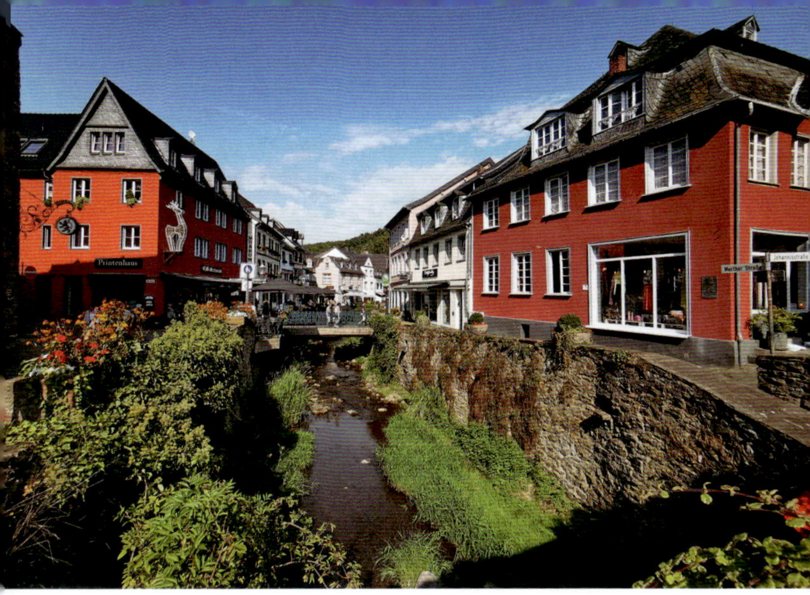


*Bad Münstereifel mit Erftblick*

Mit dem Ende des Krieges kam 1944 jedoch auch der Bahnverkehr zum Erliegen. Die Folge: Den Einwohnerinnen und Einwohnern aus Bad Münstereifel blieb nur noch übrig, wieder auf Schusters Rappen nach Euskirchen zu gehen. Erst ab September 1945 wurde ein ständig überfüllter Omnibus eingesetzt, sodass die Menschen wohl aufatmeten, als die Strecke mit dem Bau neuer Brücken 1948 wiederbelebt werden konnte.

Heute gilt die Erfttalbahn laut einer Pressemitteilung aus dem Jahr 2005 als pünktlichste Bahn in NRW.

Mehr Informationen finden Sie auf den Seiten www.kuladig.de, www. erfttalbahn.de sowie auf www.eifelfuehrer.de.

## ⌘ Stadtmauer und Stadttore

Die Stadtmauer von Bad Münstereifel ist fast vollständig erhalten und kann über 220 m begangen werden. Am südwestlichen Eckturm können Sie fast den gesamten historischen Ortskern überschauen. Insgesamt weist die Mauer 16 Wehrtürme, vier Stadttore und zwei Wassertore auf.

Zwei Stadttore durchschreiten Sie auf Ihrem Weg: das Werther Tor und das Johannistor. Fehlen noch das wuchtige Orchheimer Tor und das Heisterbacher Tor. Letzteres wollte ein Gymnasiallehrer des 19. Jahrhunderts unbedingt abgerissen sehen. Gott sei Dank hatte er mit seinen vehementen Forderungen keinen Erfolg.

☺ Die 🛈 Tourist-Information bietet Stadtmauerführungen an.

## ⌘ Schwanen-Apotheken-Museum

Haben Sie schon einmal eine Riechstraße erkundet? Das können Sie in diesem Museum tun, in dessen Gebäude angeblich sogar Napoleon Bonaparte schon übernachtet hat.

Wer eher auf Gaumenfreuden steht, hat die Möglichkeit, den Magenbitter Stephinsky zu probieren, benannt nach und erfunden von Franz Maria Ferdinand Stephinsky. Er war Apotheker und Ehrenbürger der Stadt. Der Verkaufsraum des Museums mit Shop und Kräutergarten sieht heute noch genauso aus wie im Jahr 1806.

♦ Werther Straße 13-15, ☏ 022 53/76 31, 💻 www.bad-muenstereifel.de,
🚪 Di-Fr 14:30-17:00 sowie Sa/So/feiertags 11:00-16:00, Eintritt: € 2

## ⌘ Puppen- und Spielzeugmuseum

Auf zwei Etagen wird hier seit 2003 das Ergebnis einer 25-jährigen Sammelleidenschaft präsentiert. Wachs- und Porzellanpuppen, Zinnfiguren, Puppenhäuser, Kaufläden und hübsche Bauernhöfe, Blecheisenbahnlandschaften, Steiffpuppen, Käthe-Kruse-Puppen – hier werden Kindheitserinnerungen wieder wach.

♦ Alte Gasse 28, 📱 01 78/684 84 64, 💻 www.museum-puppen-und-spielzeug.de,
🚪 Sa/So 11:30-17:00 und nach Vereinbarung, Eintritt: € 2,50

## ⌘ Romanisches Haus

Bei dem Romanischen Haus von 1167 handelt es sich um eines der ältesten Häuser des Rheinlandes. Zu finden ist es in der Langenhecke 6. Es wurde für einen Stiftsherrn (Priester) am Stift Chrysanthus und Daria errichtet und beherbergte bis 2020 das Heimatmuseum.

## ⌘ Gotisches Rathaus

Das hübsche Rathaus, Marktstraße 11-15, stammt aus dem 15. Jahrhundert. Zunächst gehörte es den Tuchmachern, die darin Gewänder und eben Tücher verkauften.

Anfang des 19. Jahrhunderts war es nach einem schweren Hochwasser baufällig geworden und wurde von einer Bierbrauerfamilie auf Abbruch gekauft. Diese brachte darin ihr Bier- und Malzlager unter, bevor die Stadt es 1904 zurückkaufte und ab 1930 auch wieder als Rathaus nutzte. Vor dem Rathaus befindet sich übrigens der einstige Pranger.

## ⌘ Barockes Windeckhaus

Das Barocke Windeckhaus in der Orchheimer Straße 23 kennen Sie vielleicht: Es war ab 2012 auf einer Briefmarke der Serie „Deutscher Fachwerkbau“ zu sehen. Und durch seine vielen Schnitzereien, die es verzieren, gilt es heute sogar als eines der schönsten Fachwerkhäuser des Rheinlandes. Es stammt aus der Mitte des 17. Jahrhunderts.

## ⌘ Effelsberger Radioteleskop

Es hat einen Spiegeldurchmesser von stolzen 100 m und bringt ein wenig Science-Fiction in die Eifel: Das 1972 in Betrieb genommene Radioteleskop steht im Bad Münstereifeler Stadtteil Effelsberg und kann im Rahmen der EifelSchleife Effelsberg erwandert werden. Es ist eines der beiden größten Radioteleskope der Welt. Mithilfe dieser Technik gelangen Wissenschaftlerinnen und Wissenschaftler an die schärfsten Kosmosbilder überhaupt.

Im Besucherpavillon gibt es Vorträge, Video- und Tonbeiträge, auf dem Aussichtsplateau können Sie atemberaubende Fotos machen und drei Themenwanderwege sind ausgeschildert. Mehr Infos gibt es auf www.mpifr-bonn.mpg.de/effelsberg.

♦ Anmeldungen zu Informationsvorträgen sind unter 022 57/30 11 01 und public@mpifr-bonn.mpg.de möglich. Sie werden von April bis Oktober Di-Sa um 10:00, 13:00 und 15:00 angeboten und kosten € 2 (Erwachsene) und € 1 (Kinder, Jugendliche, Auszubildende).

✝ Romanische Stiftskirche St. Chrysanthus und Daria

Die Stiftskirche stammt aus dem 11. Jahrhundert. Da das Kloster, auf dem die Gründung des Ortes beruht, 1803 aufgehoben wurde, verfiel sie nach und nach. Der Verfall endete mit dem Einsturz eines Flankenturmes im Jahr 1872, woraufhin die Kirche restauriert und wiederaufgebaut wurde. Im Zweiten Weltkrieg wurde sie kaum beschädigt. Der einstige Burgherr Gottfried von Bergheim liegt in ihr begraben. Auffällig ist das dreitürmige Westwerk des Bauwerkes. In der zu besichtigenden Schatzkammer befindet sich unter anderem ein wertvolles Triptychon.

# 1. Etappe: Bad Münstereifel – Wasserscheide

*12 km, 3 Std. 30 Min., ↑ 386 m, ↓ 168 m, ⇧ 272-580 m*

| | | |
|---|---|---|
| 0,0 km | ⇧ 272 m | Bad Münstereifel |
| 1,9 km | ⇧ 410 m | Kapelle Zur Schmerzhaften Mutter ✝ |
| 4,7 km | ⇧ 503 m | Schutzhütte am Effelsberger Weg |
| 6,1 km | ⇧ 513 m | Waldkapelle am Decke Tönnes ✝ |
| 7,9 km | ⇧ 508 m | Schutzhütte auf Bleielsnück |
| 9,4 km | ⇧ 580 m | Wallfahrtskapelle St. Michael auf dem Michelsberg ✝ |
| 12,0 km | ⇧ 491 m | Landgasthof zur Wasserscheide |

*Ihre erste Tagesetappe auf dem Wasserfallweg führt Sie vom Bahnhof Bad Münstereifel, dem Erholungsort mit elsässischem Flair, hinein ins Naturschutzgebiet Bad Münstereifeler Wald. Hier machen Sie Bekanntschaft mit einem ganz besonderen Einsiedler, bevor Sie auf dem Michelsberg im Schatten der Wallfahrtskirche St. Michael Kraft und hoffentlich auch Sonne tanken können. Sowohl An- als auch Abstiege halten sich in Grenzen; hübsche Fernblicke sind heute das Salz in der Wandersuppe.*

*Nehmen Sie genug Proviant mit, denn einkehren können Sie erst wieder am Etappenende in Wasserscheide im einzigen Landgasthof der Ortschaft. Eine Übernachtungsmöglichkeit bietet sich zudem noch in der Jugendherberge in Bad Münstereifel-Rodert an, von wo aus Sie Ihren Weg ebenfalls starten könnten.*

☺ *Heute treffen Sie immer wieder auf Wegweiser der EifelSchleifen und EifelSpuren, die allesamt wunderschöne Tagestouren oder nicht minder hübsche Spaziergänge versprechen.*

Vom **Bahnhof** der Erfttalbahn aus folgen Sie zunächst ein kurzes Stück der Kölner Straße in südliche Richtung, wo sich in Sichtweite bereits eines von vier imposanten Stadttoren, das ⌘ Werther Tor, vor Ihnen erhebt. Durch dieses gelangen Sie in den malerischen Ortskern, durch den sich das Flüsslein **Erft** schlängelt. Zahlreiche steinerne Brücken tragen zum romantischen Erscheinungsbild der Stadt bei.

Nun geht es an der besterhaltenen Stadtmauer NRWs entlang, vorbei an der ♜ Burganlage und dem ⌘ Schwanen-Apotheken-Museum bis hin zum Marktplatz mit dem **Zwentiboldbrunnen**, wo Sie sich links halten, um die Erft über die Heinz-Küpper-Brücke zu überqueren.

Hier erwartet Sie der erste Muntermacher in Form eines kurzen Anstieges. Sie folgen der Straße Delle und biegen an der ersten Möglichkeit rechts ab. Schon stehen Sie vor dem zweiten Stadttor des Tages. Sie verlassen Bad Münstereifel durch das Johannistor, unterqueren mittels einer Unterführung die B51 und biegen sofort links ab, dem Schild „Roderter Kirchweg“ folgend, in das leider nur kurzzeitig relativ ebene Gässchen. Schon bald beginnt die Kalorienverbrennung. Denn an der nächsten Abzweigung nach etwa 200 m biegen Sie rechts ab und folgen dem asphaltierten Roderter Kirchweg.

Über diese schmale Straße, die für den Autoverkehr glücklicherweise gesperrt ist, schrauben Sie sich stetig in die Höhe. An heißen Tagen können Sie sich jedoch über Schatten freuen, denn der Weg wird gesäumt von Laubbäumen.

Nach anstrengenden rund 600 m treffen Sie auf eine asphaltierte Straße, die Sie überqueren.

Der nun folgende und ebenfalls recht steil ansteigende Weg hält Stolperfallen in Form vieler Steine im Boden für Sie bereit, sodass Sie trotz der Anstrengung wachsam bleiben sollten. Mit etwas Geschick lassen sie sich allerdings hervorragend als natürliche Treppenstufen nutzen.

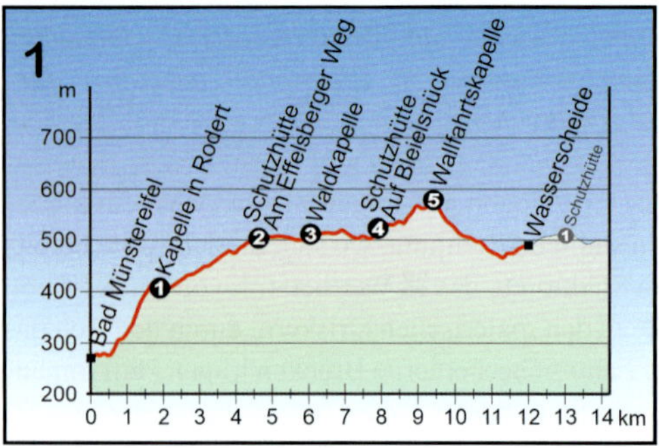


Nur 40 m weiter stoßen Sie auf eine kleine Gabelung, an der Sie sich rechts halten. Zur Abwechslung haben Sie nun weichen Waldboden unter den Füßen. Nach weiteren 50 m treten Sie aus dem Wald heraus und stehen am Wiesenrand, wo Sie sich nach links wenden.

In Sichtweite tauchen gleich zwei Rastmöglichkeiten vor Ihnen auf: Links ein Bolzplatz mit Picknicktisch und rechts eine einladende Bank, die Ihnen einen hübschen Blick zurück auf Bad Münstereifel und den über ihm thronenden ⌘ **Astropeiler Stockert** (www.astropeiler.de) gewährt.

Glückwunsch: Der längste Anstieg des Tages liegt hiermit hinter Ihnen!

Nach einer wohlverdienten Pause bewältigen Sie die letzten Höhenmeter des **Radberges** und treffen auf die Waldstraße. Linker Hand zweigt der Herbergsweg ab, an dem sich in Sichtweite die Jugendherberge des Bad Münstereifeler Ortsteiles **Rodert** (454 Ew.) befindet.

Jugendherberge Bad Münstereifel, Herbergsweg 1-5, 022 53/54 17 40, bad-muenstereifel@jugendherberge.de, www.diejugendherbergen.de, ÜF ab € 18,90, Mindestaufenthalt: 2 Nächte!

☺ Der Ort wurde übrigens nicht nur durch den Wasserfallweg bekannt. Auf dem in der Nähe liegenden **Eselsberg** befindet sich die Ruine des ⌘ **Felsennestes**. Dabei handelt es sich um die heute noch sichtbaren Überreste eines von rund 20 Führerhauptquartieren. Errichtet wurde das Felsennest ab 1939 und umfasste schlussendlich vier Bunker und drei Baracken. Hitler selbst hielt sich hier jedoch nur einmal (im Mai/Juni 1940) auf. Als die US-Armee im Frühling 1945 anrückte, wurde die Anlage gesprengt.

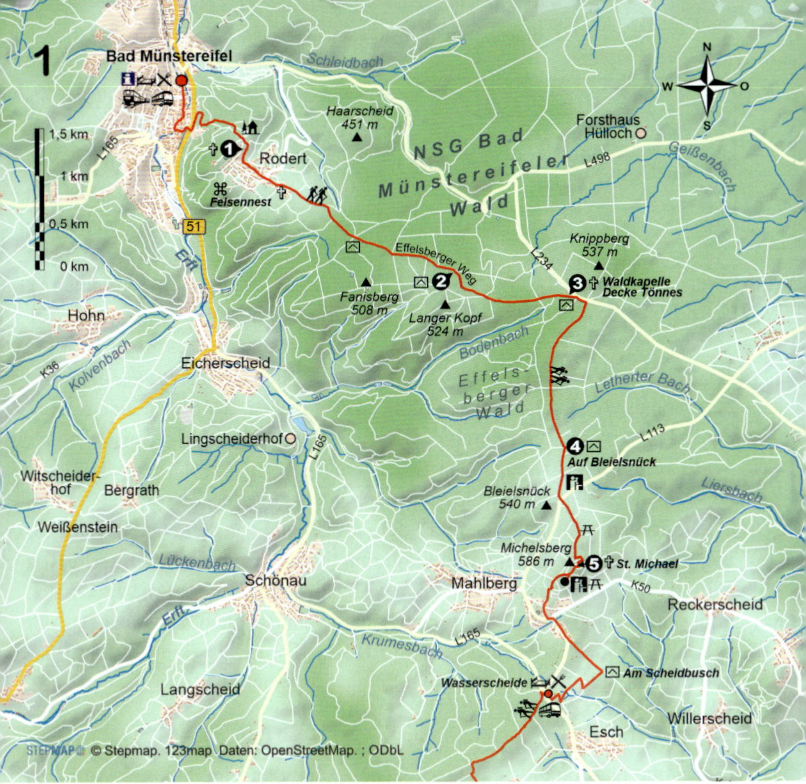


Ein Trampelpfad führt heute zwar zur Ruine, die jedoch von allen Seiten zugewachsen und zum Teil sogar eingezäunt ist. Metallstäbe ragen an vielen Stellen aus dem Boden. Auch werden Sie hier keinerlei Infotafeln oder Hinweisschilder entdecken.

Für Sie geht es direkt weiter auf dem Wasserfallweg. Ignorieren Sie die Abzweigung nach links zur Jugendherberge und folgen Sie der Waldstraße weiter geradeaus. Am Friedhof halten Sie sich links und sehen, auf der Waldstraße bleibend, nach wenigen Metern die rechter Hand liegende ✞ **Kapelle Zur Schmerzhaften Mutter** aus dem Jahr 1953 ❶ (km 1,9).

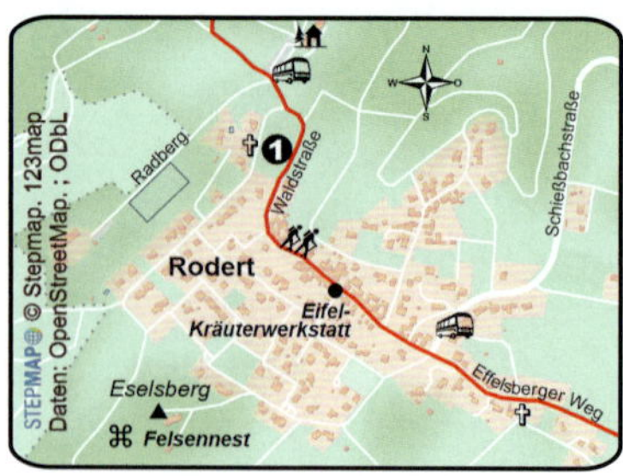


*Weg durch Rodert*

Sie durchqueren Rodert über die Waldstraße, die kurz nach der Eifel-Kräuterwerkstatt zum Effelsberger Weg wird (freunden Sie sich mit ihm an; er wird Sie eine ganze Weile begleiten). Zunächst über Asphalt bringt er Sie zu einer kleinen ✝ **Kapelle**. In Höhe eines verlassen aussehenden Hauses beschreibt die Straße eine Rechtskurve – hier wird der Asphalt von einem breiten Schotterweg abgelöst, der Sie an einem Wanderparkplatz vorbei und durch das **Naturschutzgebiet Bad Münstereifeler Wald** bringt. Alle Kreuzungen überqueren Sie, mögen die immer wieder abzweigenden schmalen Waldpfade auch noch so verlockend sein.

Sie freuen sich stattdessen auf dem meist leicht ansteigenden Weg über viel Schatten, hohe Bäume und Fingerhut, können an den ⌂ **Schutzhütten Fünf-Wege-Kreuzung** und ⊼ **Am Effelsberger Weg ❷** (km 4,6) rasten und stehen dann schließlich, nach einem recht ebenen Teilstück, an der beeindruckenden ✝ **Waldkapelle am Decke Tönnes ❸** (km 6,1) mit Bänken und ⌂ Schutzhütte (inklusive Schutzhüttenbuch!).

## ✝ Waldkapelle am Decke Tönnes

Der Name des Kapellchens Decke Tönnes geht auf den heiligen Antonius von Ägypten zurück (Tönnes ☞ Toni ☞ Antonius – nicht zu verwechseln mit dem ehemaligen Aufsichtsratschef eines Fußball-Bundesliga-Clubs, dem man vermutlich keine Kapelle errichten wird).

Der Heilige hat im Alter von 20 Jahren seine Eltern verloren und verschenkte kurz darauf alles, was er besaß. Letztlich suchte Antonius die Einsamkeit der arabischen Wüste. Jahrzehnte weilte er dort, wobei ihm immer wieder der Teufel erschienen sein soll, um ihn von seinem enthaltsamen Leben abzubringen. Antonius scheint widerstanden zu haben: Er wurde mit einem biblischen Alter von 105 (wohl recht einsamen) Jahren belohnt. Erbaut wurde seine gütig dreinblickende Statue, die zunächst ohne Dach an diesem Ort gestanden hat, vermutlich im 15. oder 16. Jahrhundert im Kloster Steinfeld.

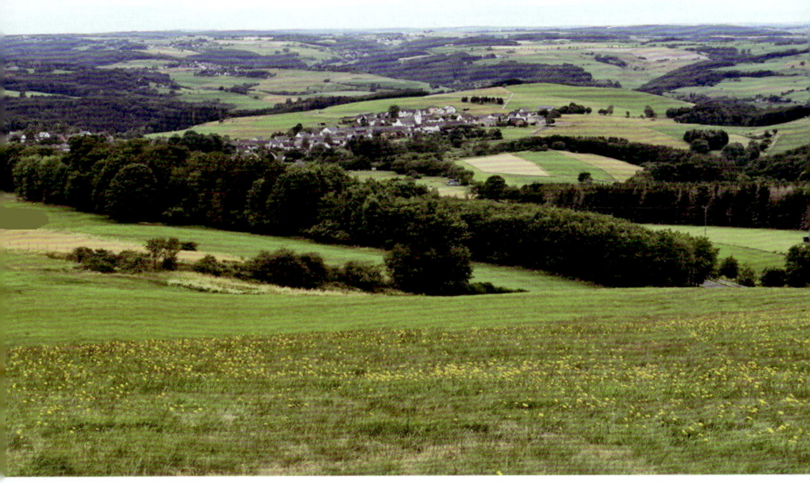

*Auf dem Weg zum Michelsberg*

Die Kapelle selbst stammt etwa aus dem Jahr 1900. Seit 2005 gibt es sogar den „Decke-Tönnes-Ultramarathon“. Ob die Läufer, die daran teilnehmen, auch besonders asketisch leben, ist nicht bekannt.

☺ Zünden Sie ein Kerzchen an: Angeblich verlöschen diese hier nie!

Nachdem Sie sich von diesem (trotz der nahen L234) entspannenden Ort losgerissen haben, biegen Sie vor der viel befahrenen Schleidstraße rechts in den parallel zu ihr verlaufenden, schmalen Waldpfad Paul-Möhrer-Weg ein. Schon nach 100 m verlassen Sie diesen wieder und folgen dem Schild „Michelsberg 3 km“ nach rechts in den **Effelsberger Wald**. Auch auf diesem breiten, steinigen Forstweg ignorieren Sie alle Abzweigungen. Nach nahezu steigungslosen 1,5 km treten Sie aus dem Wald heraus und bewegen sich nun wieder bergauf auf die ⌂ **Schutzhütte Auf Bleielsnück ❹** (km 7,9) zu.

An der Schutzhütte halten Sie sich rechts (quasi geradeaus; Schutzhütte links liegen lassen) und folgen dem asphaltierten Wirtschaftsweg, der durch seine hübschen Fernblicke auf die nordwestlichen Eifelhöhen eine willkommene Abwechslung zum Wald bietet, bis zum **Wanderparkplatz**.

☝ Obacht bei der nun nötigen Querung der L113 (km 8,5): Sie wird stark von Pkw und Motorrädern befahren!

Sie folgen anschließend dem schmalen Trampelpfad über das Feld bergauf. Hier wird es für 500 m noch einmal ein wenig anstrengender, aber dafür können Sie sich danach auf einer gemütlichen ⛼ Sinnesbank in der Sonne räkeln. Ist diese besetzt, biegen Sie vor der Bank direkt rechts ab.

Bald schon trifft der Wasserfallweg auf eine T-Kreuzung, an der Sie sich links halten, und auf einer Straße gewinnen Sie langsam an Höhe. Nach nur rund 100 m verlassen Sie diese Straße an einer roten ⛼ Bank wieder und begeben sich rechts in den Wald hinein. Noch ein kurzer, fordernder Anstieg und Sie haben es geschafft: Sie stehen an der ✝ **Wallfahrtskapelle St. Michael auf dem Michelsberg ❺** (km 9,4), dem höchsten Punkt des Tages (580 m).

## ✝ Wallfahrtskapelle St. Michael auf dem Michelsberg

Die Wallfahrtskapelle St. Michael auf einer ruhigen Lichtung auf dem Michelsberg im **Eifeler Ahrgebirge** stellt die höchste Erhebung des Kreises Euskirchen dar. Wer nun auf Fernblicke hofft, wird enttäuscht: Die gäbe es maximal von der Aussichtsplattform der Kapelle aus, die jedoch für Einzelne nicht zugänglich ist.

Funde aus der Mittelsteinzeit belegen die frühe Besiedelung des Berges, auf dem es bis 800 n. Chr. Opferfeuer gegeben haben soll. Er war außerdem eine heidnische Kult- und Gerichtsstätte und ist vulkanischen Ursprungs, was aber vermutlich nicht bedeuten wird, dass Sie Angst um Ihr Leben haben müssen. Die Kapelle stammt aus dem Mittelalter. 1224 weihte man sie dem heiligen Michael. Jährlich am 29. September pilgern Menschen seit Jahrhunderten über den Kreuzweg hierher. Im Jahr 1836 brannte die Wallfahrtsstätte bis auf den gotischen Chor komplett nieder, sodass sie neu errichtet werden musste.

Weiter gehts nun runter über 19 Treppenstufen, nach denen Sie links abbiegen (☝ Achtung: Der Weg ist relativ steil!). Nach bereits 80 m beschreibt der Weg eine kleine Rechtskurve.

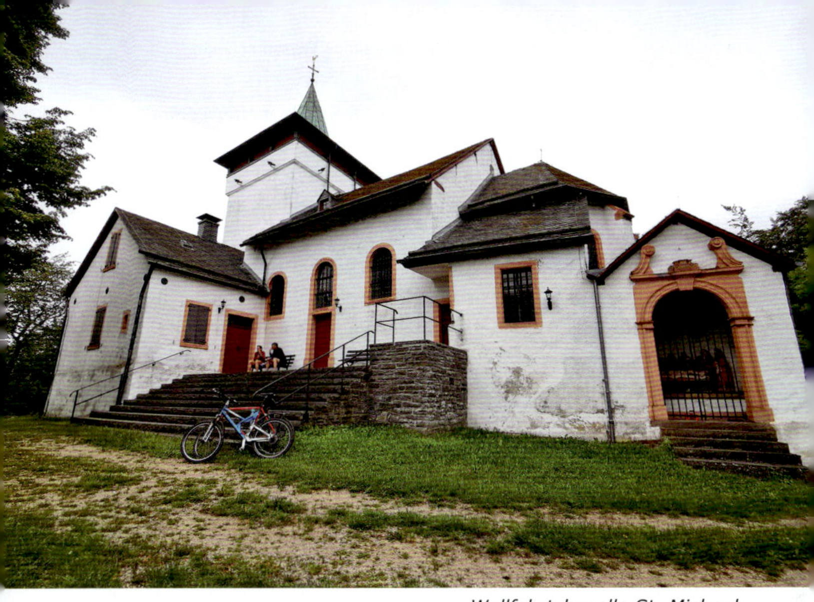

*Wallfahrtskapelle St. Michael*

↳ Hier haben Sie die Möglichkeit, einen sehr kurzen Abstecher (50 m) über Treppenstufen nach links zum **Aussichtspunkt Michelsberg** (km 9,6) zu unternehmen, wo Sie die an der Kapelle vermissten Fernblicke doch noch genießen können.

Auch hier gibt es Ruhebänke und die Aussichten vom Plateau reichen bis in die Vulkaneifel, die Kalkeifel, bis zu den Mooren im Hohen Venn und zu den Wäldern, die zum **Nationalpark Eifel** gehören.

An der Abzweigung folgen Sie dem Weg weiter nach unten. Nach gut 100 m vereinigt er sich mit einer zweiten asphaltierten Straße, der Sie nach links folgen. Einige Augenblicke später treffen Sie auf den **Wanderparkplatz Eifelblick**. An der Kreuzung halten Sie sich rechts und biegen danach direkt wieder links ab in den Engelsbergweg. Dieser Straße folgen Sie auch über die nächste Kreuzung, bis Sie auf die Römerstraße (L113) treffen. Sie biegen links ab und überqueren vorsichtig die K50 (Reckerscheider Straße) in **Mahlberg**, das zu Bad Münstereifel gehört.

Sie folgen einer kleinen, asphaltierten Straße weiter geradeaus, die parallel zur Hauptstraße verläuft. In der nächsten Kurve knickt die Hauptstraße in Höhe der Hausnummer 17 rechts ab, während Sie dem Wasserfallweg sowie der Mountainbike-Route 6 weiter geradeaus folgen und unter Bäumen verschwinden.

Nach nur 200 m stoßen Sie auf Wiesen und freie Sicht, sodass Sie sich auf die **Schutzhütte Am Scheidbusch** freuen können, die sich bereits in Ihrem Blickfeld befindet. Hier verschnaufen Sie entweder oder biegen direkt vor ihr rechts ab in den Wiesenweg, dem Sie nun abwärts folgen.

Am ebenfalls bereits sichtbaren Waldrand erwartet Sie eine kleine Senke, an deren Ende Sie auf eine T-Kreuzung treffen. Halten Sie sich rechts, nur um am kurz darauf folgenden Waldrand wieder links abzubiegen.

Der hier beginnende kleine Pfad zwischen Wiese und Wald ist mit vielen Gräsern gesegnet, sodass Sie auf Zecken achtgeben sollten.

Rund 200 m später stehen Sie an einem Haus; das Grundstück ist eingezäunt. Sie laufen weiter geradeaus bis zur nächsten T-Kreuzung mit einer roten Bank, an der Sie sich nach rechts wenden. Nur 100 m sind es etwa, bis Sie auf das nächste eingezäunte Grundstück treffen, vor dem Sie links auf einen schmalen Pfad abbiegen.

Nach weiteren 100 m wenden Sie sich ein letztes Mal nach rechts: Der **Landgasthof zur Wasserscheide** (km 12) und damit Ihr Tagesziel ist nach wenigen Metern erreicht.

## Wasserscheide

⇧ 499 m

Landgasthof zur Wasserscheide, Wasserscheide 1, 022 57/209, info@landgasthof-wasserscheide.de, www.landgasthof-wasserscheide.de, ÜF EZ € 45, DZ € 80, HP für € 15 zubuchbar, ansprechendes Haus mit eigenem Restaurant. Es erwarten Sie eine freundliche Inhaberfamilie, die auch Lunchpakete gegen einen geringen Aufpreis für den nächsten Wandertag anbietet!

Restaurant Mo/Di/Do ab 14:00, Fr ab 16:00, Sa/So 12:00-21:00, Mi Ruhetag

Vor dem Haus befindet sich eine Bushaltestelle, von der aus Sie mit dem Bus 822 (Achtung: fährt nicht oft!) alternativ zurück nach Bad Münstereifel fahren können. Auch der TaxiBusPlus ist verfügbar (mindestens 30 Minuten vor Fahrtantritt anrufen unter 024 41/99 45 45).

Die Ortschaft Wasserscheide gehört zum südlich gelegenen Dorf **Esch**, das 500 m weiter beginnt und 243 Einwohnerinnen und Einwohner zählt. Sie liegt auf einem Höhenrücken und damit eben auf einer Wasserscheide, was bedeutet, dass sich der Regenniederschlag an dieser Stelle in die Wege zu den Flüssen Erft und Ahr teilt – daher der Name. Der Landgasthof wurde 1913 erbaut und hat vor allem überlebt, weil die Wallfahrt zur St.-Michael-Kapelle auf dem Michelsberg viele Übernachtungsgäste anzog.

Das Haus hat eine sehr bewegte Geschichte. So diente zum Beispiel der Saal im Zweiten Weltkrieg als Arbeitslager, in dem Zwangsarbeiterinnen und Zwangsarbeiter untergebracht wurden. Aber auch Wehrmachtsangehörige und Flüchtlinge nächtigten hier. Seit über 100 Jahren befindet sich das Hotel in Familienbesitz.

## 2. Etappe: Wasserscheide – Eichenbach

*15,9 km, 5 Std. 30 Min., ↑ 571 m, ↓ 664 m, ⇧ 327-508 m*

| | | |
|---|---|---|
| 0,0 km | ⇧ 491 m | Landgasthof zur Wasserscheide |
| 1,1 km | ⇧ 508 m | Schutzhütte Alte Römerstraße |
| 2,7 km | ⇧ 484 m | K55, Nitterscheid |
| 4,4 km | ⇧ 433 m | Honerath (Kunsthof Greven) |
| 5,5 km | ⇧ 409 m | Mutscheid (Gasthaus Prinz) |
| 10,0 km | ⇧ 413 m | Pitscheid (Weiher) |
| 14,0 km | ⇧ 462 m | Wershofen (Kirche St. Vincentius) BANK |
| 15,4 km | ⇧ 333 m | Dreisbachmühle |
| 15,9 km | ⇧ 395 m | Eichenbach (14-Nothelfer-Kapelle) |

*Heute stehen Ihnen zwar mehr Höhenmeter bevor als gestern, aber dafür haben Sie auf dieser Etappe die Möglichkeit, etwaige Zahnschmerzen beim Zahnkreuz in Wershofen loszuwerden. Waldreiche Passagen und aussichtsreiche Abschnitte wechseln sich ab. Sie treffen auf das Eifeler Original Fritz Bläke und die Kunstinteressierten können einen außergewöhnlichen Skulpturengarten entdecken, der sich übrigens auch für Kunstmuffel lohnt. Die 14 Nothelfer kreuzen gleich zweimal Ihren Weg und am Ende empfängt Sie das idyllisch gelegene Dorf Eichenbach.*

*Das Eichenbacher Landgasthaus Zum Wiesengrund, in dem Sie sich hervorragend von allen Strapazen erholen können, bietet zwar jeden Morgen Frühstück an und packt auch Lunchpakete, Montag- und Dienstagabend ist das Restaurant jedoch geschlossen. Schlafen Sie an einem dieser Tage dort, so essen Sie am besten zuvor in Wershofen zu Abend (Das dortige Landgasthaus Der Pfahl ist allerdings auch nur von Mai bis Oktober montags und dienstags geöffnet, von November bis April dagegen ebenfalls geschlossen!) oder beenden dort sogar die Etappe. Den Durst löschen können Sie zudem im Gasthaus Prinz in Mutscheid, sofern Sie zu den abendlichen Öffnungszeiten hier vorbeiwandern.*

☞ *Weitere Tipps zur Planung in der Etappenbeschreibung bei Wershofen!*

Mit Schwung starten Sie heute in die 2. Etappe des Wasserfallweges. Vom Landgasthof zur Wasserscheide begeben Sie sich über eine Treppe nach unten zur Hauptstraße. Bevor Sie diese Provinzialstraße schön vorsichtig überqueren, können Sie sich noch mithilfe der Infotafel für Nordic Walker ein wenig aufwärmen. Auf der anderen Seite der Provinzialstraße halten Sie sich rechts und verschwinden in Höhe des nahen Kreisels dann direkt scharf links in den Wald hinein. Gut gefrühstückt sollten Sie haben, denn schon liegt der erste kleine Anstieg des Tages vor Ihnen.

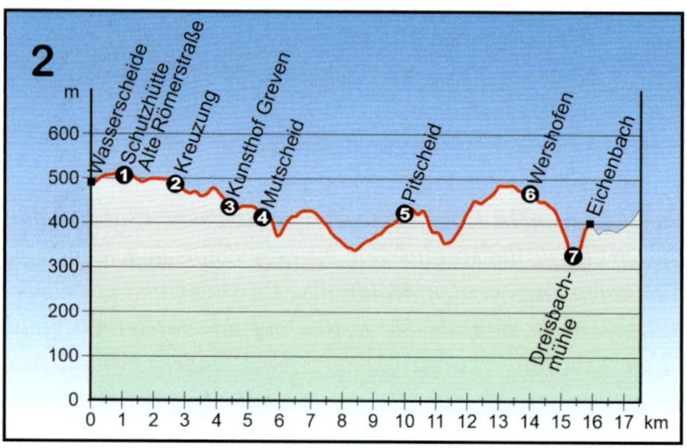

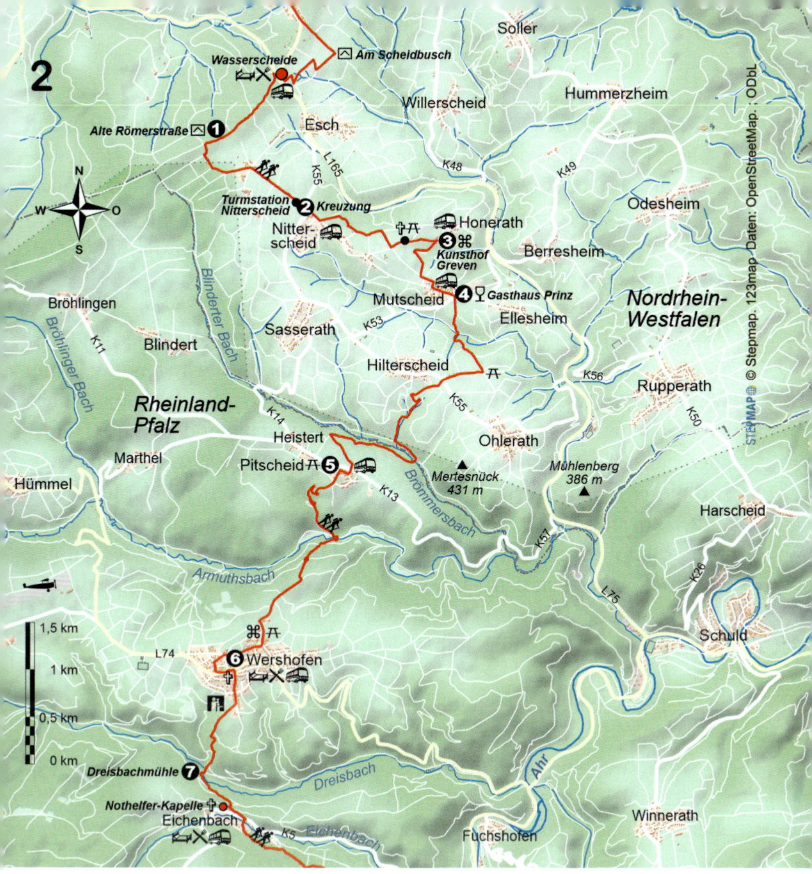


Gemeinsam mit der EifelSpur Münstereifelsteig und einer Mountainbike-Strecke führt Sie der Wasserfallweg aufwärts. Schon nach ein paar Metern wird es wieder flach. Ignorieren Sie alle etwaigen Abzweigungen und folgen Sie dem breiten Schotter-/Waldweg. Schon nach 1,1 km treffen Sie am bereits höchsten Punkt des Tages auf die ⌂ **Schutzhütte Alte Römerstraße ❶**, wo Sie in Ruhe verschnaufen können, da vom Lärm der hinter Ihnen liegenden Hauptstraße schon lange nichts mehr zu hören ist.

Rund 160 m nach der Hütte folgen Sie links einem nun schmaleren und bei Nässe sicherlich matschigen Waldweg, der leicht abfällt. Nach weiteren rund 100 m wechseln Sie erneut nach links auf einen ebenen Wanderweg, der Sie zwischen Wald und Wiese entlangführt. Nach ein paar Metern halten Sie sich an der nächsten Möglichkeit ein weiteres Mal links. Zum ersten Mal genießen Sie hier kurzzeitig Fernsichten.

Auch an der nun vor Ihnen liegenden T-Kreuzung halten Sie sich links, bleiben am Wiesenrand und der Wanderweg wird langsam zum Wirtschaftsweg, dem Sie auch leicht bergan folgen. Sie laufen auf einen landwirtschaftlichen Betrieb zu. An der Kreuzung hinter dem Betrieb überqueren Sie die Hauptstraße Escher Heide und wandern weiter geradeaus. Auf dieser freien Strecke kann der Wind schon mal ordentlich pfeifen.

2,7 km liegen circa hinter Ihnen, wenn Sie vor der Kreuzung mit der K55 ❷ auf die **Turmstation Nitterscheid** treffen. Die Bielefelder Stiftung Pro Artenvielfalt hat den Turm von der RWE übernommen und ein imposantes Vogelhotel daraus gemacht, worauf unter anderem viele Einflugvorrichtungen, aber auch eine Infotafel hinweisen.

Die K55 überqueren Sie bitte vorsichtig.

Sie streifen nun den Ort Nitterscheid (hier verkehrt nur selten der Bus 822 nach Bad Münstereifel und auch ansonsten ist wenig los), biegen aber schon nach gut 150 m entlang der Hauptstraße ohne Fußgängerweg und kurz nach dem Ortsschild links leicht bergab in den Wald hinein, in dem es an Regentagen etwas schlammig werden kann.

Es erwartet Sie nun ein kurzzeitig recht unübersichtliches Wegstück.

Nur circa 150 m später stehen Sie an einer kleinen Gabelung, an der Sie nicht vorbeirennen sollten. Wenn der Weg dort auch noch so verwildert aussieht: Sie halten sich dennoch rechts und stürzen sich ins Abenteuer, auch wenn Sie hier kein Wasserfall-Schild entdecken können! An einem schnell links von Ihnen auftauchenden Jägersitz gesellt sich das Wasserfallweg-Schild wieder zu Ihnen.

Nach weiteren rund 60 m durch den verwunschenen Wald biegen Sie rechts ab auf einen nun sehr schmalen Pfad, der auf eine Holzhütte zuläuft. Vor dieser wenden Sie sich nach links und stehen nach weiteren gut 100 m endlich in einer Senke an einem breiteren Wiesenweg, der nicht mehr ganz so verwildert ausschaut. Erneut halten Sie sich links und laufen auf dem recht ebenmäßig verlaufenden Wiesenweg weiter.

Das Motto „Links halten!" gilt auch an der nächsten, recht schnell auftauchenden Kreuzung, ab der der Weg aus der Senke hinausführt. Etwa 120 m später biegen Sie zur Abwechslung mal rechts ab und erklimmen einen Hügel. Oben angekommen genießen Sie die Rundumsicht, bevor Sie der asphaltierten Landstraße, dem Möwenweg, nach links folgen (☝ Vorsicht: Kein Fußgängerweg vorhanden!).

Nach nur rund 150 m entdecken Sie rechts die kleine ✞ **Kapelle**, die den 14 Nothelfern geweiht ist. Hinter der Kapelle steht ein hübscher ⛩ Picknicktisch mit Bänken, an dem Sie hervorragend rasten können (km 4). Zuvor jedoch sollten Sie einen Blick ins Innere der Kapelle wagen.

## ✞ Die Kapelle der 14 Nothelfer vor Honerath

Mit dem Bau der Kapelle begann man im Jahr 1922. Im Inneren können Sie kunstvolle Holzfiguren der 14 Nothelfer bestaunen. Geschnitzt wurden diese von Wilfried Beitz aus Nitterscheid. Zudem wurden netterweise auch gleich schriftliche Ausführungen von Erna und Hans Melchers sowie Otto Wimmer mit Erläuterungen zum Leben und Wirken der Nothelfer in der Kapelle platziert. Nach dem Stöbern darin wissen Sie hoffentlich, wie viele Entbehrungen man aushalten muss, bis einem eine Kapelle geweiht wird.

Nur wenige Meter nach der Kapelle stehen Sie am Ortsrand von **Honerath** ⌘ ✞ 🚌 (die Linie 822 / TaxiBusPlus bringt Sie zurück nach Bad Münstereifel (mindestens 30 Minuten vor Fahrtantritt anrufen unter ☎ 024 41/99 45 45)). 30 m nach dem Ortsschild müssen Sie scharf rechts abbiegen in einen leicht abfallenden Wiesenweg, der in den Wald hineinführt.

↳ Zuvor allerdings sollten Sie einen ganz besonderen Ausflug nicht verpassen und dazu 20 m in den Ort hineinlaufen, um rechter Hand auf den ⌘ **Kunsthof Greven ❸** (km 4,4) zu stoßen.

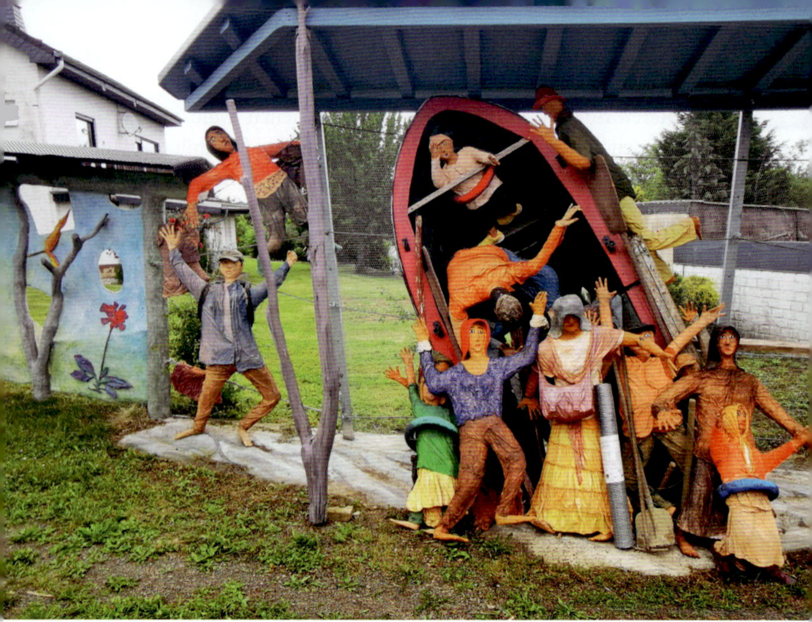

*Kunsthof Greven*

## ⌘ Kunsthof Greven

Paul Greven ist Bildhauer und Maler. Der freischaffende Künstler wurde 1934 in Eschweiler geboren und lebt seit 1997 auf dieser Fachwerkhofanlage in Honerath, auf der er den Skulpturenpark geschaffen hat. Der Kunsthof Greven liegt direkt am Wasserfallweg und ist einen ausgiebigen Rundgang wert. An jeder Ecke gibt es Grund zum Staunen durch die großen und zum Teil begehbaren Kunstwerke aus natürlichen Materialien. Nehmen Sie sich die Zeit, das 7.500 m² große Grundstück zu erkunden. Wer diese Zeit leider nicht haben sollte, der findet einen virtuellen Rundgang auf 💻 www.kunsthofgreven.de. Übrigens: Weitere Besuche lohnen sich, denn Greven bezeichnet seinen Park als „künstlerische Baustelle" – und Baustellen verändern sich dauernd.

Nach dem scharfen Abzweig nach rechts ignorieren Sie die kurz danach auftauchende Abzweigung nach links (✋ auch wenn irreführende Schilder in diese Richtung weisen mögen!) und wandern geradeaus weiter.

Der idyllische Wanderweg führt Sie in einigen Kurven auf eine T-Kreuzung zu, an der Sie nicht rechts abbiegen (dort gehts bergauf), sondern sich links halten, auf eine weitere Kreuzung zu. Diese überqueren Sie und befinden sich nun in **Mutscheid** 🍷 ✞ 🚌 (auch hier hält wie Honerath ausschließlich die Linie 822 / TaxiBusPlus).

Ein paar Meter weiter biegen Sie rechts in den Narzissenweg ein, nur um kurz darauf nach links in die Arandstraße einzubiegen. Dieser folgen Sie abwärts bis zu einer Kreuzung, an der Sie das 🍷 **Gasthaus Prinz ❹** (km 5,5) finden (gegenüber der ✞ Pfarrkirche St. Helena). Haben Sie Durst, so wird er hier gestillt.

🍷 Gasthaus Prinz, Arandstraße 17, ☏ 022 57/14 70, ✉ gasthaus-prinz@gmx.de, nur Getränke, 🚪 Mo, Mi-Sa ab 16:00, So ab 10:00, Di Ruhetag

Andernfalls folgen Sie dem kleinen Schotterweg unmittelbar vor dem Gasthaus nach rechts, der nach nur 50 bis 60 m wieder zu einem Wald- und Wiesenweg wird. Die Kreuzung, an der sich links eine rote Bank mit Blick zurück nach Mutscheid befindet, überqueren Sie und folgen dem zunächst etwas verwildert aussehenden Wasserfallweg hinab in den Wald.

✋ Kurz darauf geht es 200 m sehr steil runter. Geben Sie Obacht: Bei Nässe können Sie hier schnell ins Rutschen geraten.

Die kleine Asphaltstraße, auf die Sie bald treffen, überqueren Sie ebenfalls. Sie wandern den breiten Waldweg geradeaus, der nun wieder ansteigt. Nach rund 70 m folgen Sie – immer noch auf dem breiten, steinigen Waldweg bleibend – der Linkskurve weiter bergauf. An der nächsten Abbiegemöglichkeit am Wiesenrand halten Sie sich erneut links und wandern weiter hinauf. An der folgenden Gabelung geht es rechts auf einer betonierten kleinen Straße weiter bergauf, bis Sie an einer Kreuzung mit roter Bank und Kreuz stehen. Hier biegen Sie rechts in den Wiesenweg ein, der kurzzeitig immer noch aufwärtsführt.

An der nächsten Gabelung – hier ist es wieder ebener – halten Sie sich links und wandern am Zaun des rechts von Ihnen liegenden Grundstückes weiter bis zur **Hauptstraße (K55)**, die Sie überqueren.

An der folgenden Gabelung halten Sie sich rechts und folgen dem Wanderweg zwischen Feld und Wald bis zu einer T-Kreuzung, an der Sie links in den nun abfallenden Waldweg abbiegen. Eine Links- und eine Rechtskurve später stehen Sie bald erneut an einer T-Kreuzung und es geht für Sie wieder links ab. Begleitet vom plätschernden Bächlein wandern Sie weiter abwärts, bis Sie nach rund 450 m wieder aus dem Wald heraus- und in einen Talkessel hineintreten. Sie biegen links auf den Schotterweg ab.

Nach rund 200 m verwandelt sich Ihr Weg in eine asphaltierte Straße, der Sie jedoch nicht bergauf folgen, sondern Sie überqueren den rechts von Ihnen liegenden **Brömmersbach** (km 8,4). Weiter gehts auf dem Wanderweg, der nun eine mäßig ansteigende Rechtskurve beschreibt. Allerdings sollten Sie nun tief Luft holen, denn der „mäßige Anstieg“ bleibt Ihnen eine Weile erhalten. Übrigens: Sie befinden sich nun in Rheinland-Pfalz.

Nach gut 700 m wird Ihr ansteigender Wanderweg zu einer kleinen, asphaltierten Straße. Schon sehen Sie die ersten Häuser von Pitscheid und nur circa 70 m weiter biegen Sie links ab, anstatt der Straße zu folgen, die ein paar Meter weiter eine Rechtskurve beschreibt.

Nach weiteren circa 400 m stoßen Sie auf die **K13** ( Vorsicht beim Überqueren!) und das Ortsschild von **Pitscheid** begrüßt Sie freundlich (der Bus 822 bringt Sie (selten!) nach Wershofen).

Sie folgen der Ahrstraße ein paar Meter weiter geradeaus und biegen dann rechts ab in die Kapellenstraße. Nochmals gut 100 m müssen Sie nun überbrücken, bis Sie am **Weiher ❺** (km 10) mit Rastgelegenheit stehen.

Nach einer kurzen Pause geht es vor dem Rastplatz links ab in die Weiherstraße (originell, oder?), der Sie folgen, um auf einen Wald zuzulaufen. Kurz davor treffen Sie ein weiteres Mal auf die Kapellenstraße, überqueren diese und halten sich an der direkt folgenden Gabelung rechts, um endgültig im Wald zu verschwinden.

Nach gut 250 m biegen Sie links ab und folgen damit dem breiten Waldweg abwärts. Ein paar Meter weiter geht es rechts ab und dann ein wenig kurvig bergab, bis Sie auf eine T-Kreuzung treffen. Hier ist es nun wieder ebener und Sie biegen links ab. Nur 50 m weiter taucht rechts von Ihnen eine kleine Holzbrücke (km 11,5) auf. Diese überqueren Sie ( Achtung: Sie ist recht wacklig, weshalb Sie auf der anderen Seite (!) des **Armuthsbaches** auch ein Schild mit der Aufschrift „Betreten auf eigene Gefahr!“ erwartet).

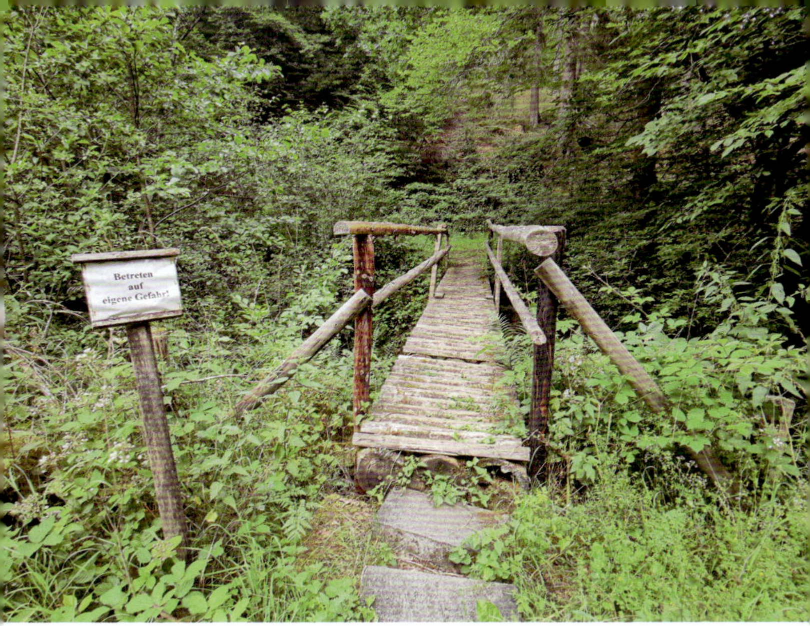


*Holzbrücke über den Armuthsbach*

Nun sollten Sie sich sammeln, denn auf Ihrem weiteren Weg nach Wershofen sind einige Höhenmeter zu bewältigen. Nach rund 170 m wird der schmale Waldweg breiter und trifft auf einen von links kommenden Waldweg.

Sie wandern weiter geradeaus, weiter aufwärts, bis Sie nach 80 m ( hier wachsam sein, sonst verpassen Sie den Einstieg!) links einen schmalen und bald schon sehr steilen Wanderweg entdecken, über den Sie sich hinaufkämpfen, bis Sie auf eine kaputte Bank treffen, links abbiegen und sich kurz darauf sofort wieder rechts halten (km 12). Gut 150 m dauert es, bis es heller wird und der Waldweg zum Wiesenweg wird.

Ein paar Meter weiter trifft von rechts ein breiter Waldweg auf Ihren Wiesenweg; Sie wandern jedoch weiter geradeaus und aufwärts. 30 m weiter folgen Sie dem Weg weiter nach links und ignorieren hier den Wiesenweg, der nach rechts abzweigt. Bald haben Sie es geschafft: Sie treffen auf eine asphaltierte Straße, der Sie nach rechts in Richtung **Wershofen** folgen, das schon in Sichtweite liegt.

Freuen Sie sich über die schönen Aussichten und ignorieren Sie Abzweigungen, bis rechts von Ihnen die Schützenhalle St. Sebastianus auftaucht.

Unmittelbar danach lädt Sie rechter Hand eine ⩩ Bank zum Pausieren ein. Dem Steinkreuz nebenan sollten Sie besondere Aufmerksamkeit schenken – vor allem, wenn Sie aktuell von Zahnschmerzen geplagt werden, denn es handelt sich um das ⌘ Zahnkreuz.

### ⌘ Das Zahnkreuz von Wershofen

Das Zahnkreuz steht nur neben Ihnen, weil ein armer Tropf aus Wershofen sich einst mit französischen Truppen angelegt hat. Dank Otto Betzner ist an dieser Stelle Folgendes zu erfahren:

„In frühen Zeiten lagerten französische Soldaten im Dorf. Ein Wershofener wagte sich aus dem schützenden Wald, um die Lage zu erkunden. Man entdeckte ihn und mit einem Büchsenschuss wurde ihm der Kiefer zerschmettert. Daher der Name ‚Zahnkreuz'. Bei Zahnschmerzen wurde dieses Kreuz aufgesucht. Die ersten Bittprozessionen vor Christi Himmelfahrt führten zu diesem Kreuz."

Sollten Sie im Moment tatsächlich Zahnschmerzen haben – vielleicht sind sie bald verschwunden? Vermutlich wäre der junge Wershofener, dem man einst den Kiefer zertrümmert hat, allerdings besser mit einem Besuch beim örtlichen Zahnarzt gefahren.

Nun folgen Sie der Straße Am Steinkreuz weiter bis zum Kreisverkehr, an dem Sie rechts auf die Nordstraße abbiegen, die Sie bis zum Raiffeisenmarkt nicht verlassen. Am Markt biegen Sie an einem Haus mit einer auffälligen Uhr links ab in die Raiffeisenstraße, bis Sie an einem Natursteinhaus auf die Brunnenstraße treffen. Auch hier halten Sie sich links, bis Sie auf ein Haus mit einer freien E-Tankstelle stoßen – es handelt sich um das 🛏 ✕ **Landgasthaus Der Pfahl**.

☺ Sollte Ihr Etappenziel Eichenbach heißen, so sollten Sie sich für die letzten 2 km und auch für die Nacht schon in Wershofen stärken, sofern Sie an einem Montag oder Dienstag (✋ Achtung: Das gilt nur von Mai bis Oktober; in den anderen Monaten ist auch hier geschlossen!) hier vorbeikommen, denn das einzige Hotel Eichenbachs, das **Landgasthaus Zum Wiesengrund**, bietet montags und dienstags zwar Frühstück und Lunchpakete an, die Küche ist abends jedoch geschlossen.

Am Eingang des Landgasthauses Der Pfahl (in dem sich die Einkehr natürlich auch an den restlichen Wochentagen lohnt) treffen Sie auf die Hauptstraße und folgen dieser nach links, bis Sie an der ✞ **Kirche St. Vincentius von Wershofen** ❻ (km 14) stehen.

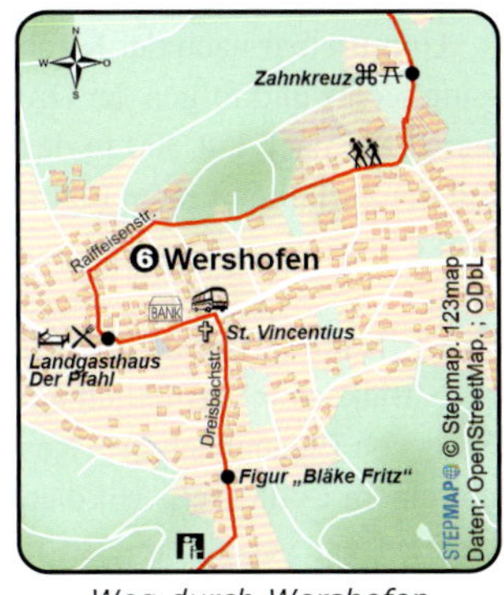

*Weg durch Wershofen*

## Wershofen

⇧ 465 m, 970 Ew.,

Landgasthaus Der Pfahl, Hauptstraße 76, ☏ 026 94/232, hotel@landgasthaus-pfahl.de, landgasthaus-pfahl.de, ÜF EZ ab € 68, DZ ab € 89, Restaurant Mo/Di Mai-Oktober 17:00-22:00 (Küche 18:00-21:00, November-April geschlossen!), ganzjährig Mi-Fr 11:00-14:30 und ab 17:00 sowie Sa/So/feiertags durchgehend ab 11:00 geöffnet, Küche ganzjährig Mi-So jeweils 12:00-14:00 und 18:00-21:00; das Gasthaus hält jedoch das ganze Jahr hindurch Sa/So/feiertags von 14:00-17:30 eine kleine Vesperkarte für Wanderinnen und Wanderer bereit; direkt am Weg gelegen.

 Der Bus 864 bringt Sie einmal täglich über lange Umwege und Antweiler, wo Sie in den Bus 817 umsteigen müssen, nach Eichenbach. Das Stück sollten Sie also besser noch laufen.

Die Geschichte des Ortes Wershofen beginnt 1395 – das war das Jahr, in dem ein Konrad aus Wershofen ein Stück Butter lieferte, wie es im Rechnungsbuch der Arenberger heißt. Zum Herzogtum Arenberg gehörte Wershofen nämlich bis zum Ende des 18. Jahrhunderts. Wenn man so will, hat die Geschichte des Ortes also mit einem Stück Butter begonnen.

Der nahe gelegene Flugplatz veranstaltet jährlich im September ein Flugplatzfest und bietet Ihnen die Möglichkeit zu Segelrundflügen. Mehr Infos gibt es auf www.sfg-wershofen.de.

Unmittelbar nach der Kirche St. Vincentius halten Sie sich an der Kreuzung rechts und folgen der Dreisbachstraße hinaus aus dem Ort. Dabei passieren Sie nach gut 300 m das rechter Hand liegende Grundstück St. Pitte mit der auffälligen roten Figur eines sehr spannenden Herrn, genannt „Fritz Bläke".

## Ein Eifeler Original: Fritz Bläke

Fritz Bläke war vermutlich ein lustiges Kerlchen und lebte bis 1930 im 15. Haus von Eichenbach. Als Kesselflicker zog er durch die Eifel, ausgestattet mit einem Lötkolben. Mit diesem lötete er Löcher in Töpfen und sonstigen Geräten zu, versah sie also mit einer „Blak", weshalb er im Volksmund eben Fritz Bläke genannt wurde. Sein richtiger Name jedoch war Fritz Braun. Für ein großes Loch soll er nie mehr als 10 Pfennig, für ein kleines Loch nie mehr als 5 Pfennig angesetzt haben.

Zwar war er offensichtlich geschickt in seiner Profession, ins kollektive Gedächtnis hat er sich bei den Menschen jedoch durch seine lustigen Aussprüche eingebrannt, denn Fritz Bläke nahm kein Blatt vor den Mund. Schlagfertig war er und sogar Obrigkeiten machten ihm keine Angst. Es gibt zahlreiche Überlieferungen, die seine spitze Zunge belegen.

Einmal sollte Fritz wegen Beleidigung einige Zeit im Knast abbrummen. Aber als der Polizist Fritz einsammeln wollte, fand er nur ein Zettelchen an der abgesperrten Tür, auf dem geschrieben stand: „Fritz Braun ist ausgezogen." Der Gendarm stieg durchs Fenster ein und fand Fritz nackt im Bett. „Ausgezogen" eben. Mehr Anekdoten über das Leben und die Streiche von Fritz Bläke finden Wanderinnen und Wanderer mit Humor auf der Eichenbacher Homepage

www.eichenbach.de.

Die Figur, die Sie vor sich sehen, ist eine Gipsnachbildung einer Sandsteinfigur des Fritz Bläke in Lebensgröße (172 cm), die die Steinmetzmeisterin Maria Sowietzki als Meisterstück geschaffen hat. Das Original ist in Eichenbach zu bestaunen.

Weiter gehts nun nach etwa 80 m nach rechts auf den abfallenden, steinigen Wanderweg, der auf einen Wald und das **Dreisbachtal** zuführt.

Auf diesen 200 m bis zum Waldrand mit dem Heiligenhäuschen, auf denen Sie Abzweigungen ignorieren, sollten Sie sich ein, zwei Male umdrehen: Der Blick zurück ist ein Foto wert.

Am Heiligenhäuschen tauchen Sie links in den Wald ein und halten sich an der nächsten Gabelung rechts, wodurch Sie auf einen Weg gelangen, der in Kehren sehr steil hinabführt. Sie folgen dem Hauptweg bis zu einem Kreuz. An dieser Stelle können Sie kurz Johannes Kücker gedenken, der „allhi" am 5. März 1695 von einem Baum „tod gefallen" wurde.

Nach einigen Metern vereint sich ein von rechts kommender Weg mit dem Ihrigen. Sie folgen Ihrem Weg weiter geradeaus und sehen bereits den kleinen Dreisbach. Sie sind nur ein paar Meter gewandert, da zweigt rechts von Ihnen ein schmaler Pfad ab, dem Sie zum Dreisbach und weiter folgen, bis es wieder heller wird. Sie biegen rechts ab, überqueren die kleine Brücke und stehen im Talkessel vor der Ruine der **Dreisbachmühle** ❼ (km 15,4). Diese Mühle hat leider ein Hochwasser im Jahr 1804 nicht überstanden.

*Ruine der Dreisbachmühle*

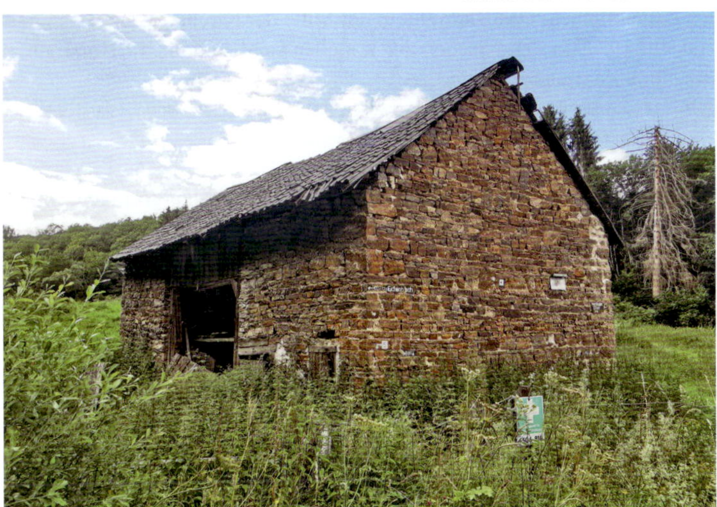

Da an dieser Stelle keine Rastgelegenheit aufgestellt wurde, begeben Sie sich in die ansteigende Linkskurve vor Ihnen. An der nächsten Kreuzung geht es weiter geradeaus auf dem immer noch ansteigenden, breiten Wanderweg. Nach gut 100 m stößt von rechts ein weiterer Weg auf den Wasserfallweg.

Sie laufen jedoch ein kurzes, ebenmäßiges Stück erneut weiter geradeaus, um dann nach nur rund 40 m auf den rechts von Ihnen liegenden, schmalen und nun wieder ansteigenden Weg abzubiegen. Dieser führt Sie direkt bis an eine Kreuzung, an der rechts die ✞ **14-Nothelfer-Kapelle von Eichenbach** (km 15,9) auftaucht.

Auch diese Kapelle ist den 14 Nothelfern geweiht und beherbergt deren Holzfiguren sowie ein Relief von 1626 aus einem Bildstock.

Die Glocken der Kapelle läuten übrigens nicht oft. Aber wenn sie läuten, dann sind Sie wach. Nur schon mal als kleine Vorwarnung.

## ✞ 14-Nothelfer-Kapelle von Eichenbach

Mit dem Bau des Kirchleins wurde 1937 begonnen. Fertiggestellt wurde es 1941. Zuvor befand sich viele Jahre lediglich ein Heiligenhäuschen an dieser Stelle, das jedoch verfallen war. Zudem wurde der Opferstock des Öfteren aufgebrochen. Das Bildrelief in der Mitte der Kirche befindet sich dort erst seit 1977. In den Nischen der Kapellenwand sind die 14 Holzfiguren der Nothelfer untergebracht.

☺ Wenn Sie die Kapelle besichtigen wollen, wenden Sie sich an Herrn Ruland unter der Nummer ☏ 026 94/425. Er wird Ihnen gerne aufschließen.

Falls Sie hier nächtigen wollen: Um in den Ort zu gelangen, folgen Sie der Straße vor der Kirche einige Meter nach rechts hinab in den Ort. In der nächsten Kurve liegt sofort das einzige Gasthaus des Ortes.

## Eichenbach

⇧ 380 m, 76 Ew.

Landgasthaus & Restaurant Zum Wiesengrund, Ahrtalstraße 55, ☏ 026 94/378, info@wiesengrund-eifel.de, www.wiesengrund-eifel.de, ÜF EZ € 45, DZ € 80, WLAN inklusive, Gepäcktransfer und Lunchpaket auf Anfrage, sehr gepflegte Zimmer und freundliche Gastgeberfamilie, die viel über den Ort zu berichten weiß, nettes Haus mit Biergarten, Mo-Di Ruhetag, Mi-So ab 11:00, Küche 12:00-14:00 und 18:00-21:00; Mo/Di nur Frühstück, ☺ Fr Pizza aus dem Steinofen, für die sogar die Einheimischen herkommen, gut 120 m vom Weg entfernt

 Zwischen Eichenbach (direkt ab dem Landgasthaus Zum Wiesengrund) und Aremberg verkehrt die Buslinie 817. Allerdings auch nur selten.

Eichenbach gehörte bis zum Ende des 18. Jahrhunderts zum Herzogtum Arenberg, mit dem Sie auf der nächsten Etappe ausführlicher Bekanntschaft machen werden.

Die Original-Sandsteinfigur des Fritz Bläke finden Sie seit 2007 auf dem Wendeplatzes Ahrtalstraße/Breitscheider Weg in Eichenbach, gut 100 m vom Hause Bläkes entfernt.

Der **Ahrsteig** und der 27,7 km lange Rundwanderweg **Fürstin-Magaretha-Weg** führen durch Eichenbach.

# 3. Etappe: Eichenbach – Ahrdorf

*12 km, 4 Std., ↑ 323 m, ↓ 385 m, ⇧ 328-611 m*

| | | |
|---|---|---|
| 0,0 km | ⇧ 395 m | Eichenbach (14-Nothelfer-Kapelle) |
| 1,6 km | ⇧ 425 m | Bank mit Aussicht ins Naturschutzgebiet Aremberg |
| 3,7 km | ⇧ 610 m | Kreuzung/Abstecher zur Burgruine Arenberg |
| 4,2 km | ⇧ 525 m | Ortsrand Aremberg |
| 5,0 km | ⇧ 498 m | Blick auf Antweiler (unterhalb Arembergs) |
| 6,0 km | ⇧ 536 m | Schutzengelkapelle |
| 11,3 km | ⇧ 376 m | Pausenbank mit Blick auf Ahrdorf |
| 12,0 km | ⇧ 333 m | Ahrdorf (Kriegerdenkmal) |

*Die Etappe von Eichenbach bis Ahrdorf ist äußerst abwechslungsreich. Zunächst steht Ihnen etwas Frühsport ins Haus, denn der Aremberg will erklommen werden, auf dem Sie mit der interessanten Geschichte der Burgruine Arenberg konfrontiert werden. Unter anderem erfahren Sie, weshalb die Ortschaft und der Berg mit „m" geschrieben werden, während die Ruine selbst „Arenberg" heißt. Nach dem Abstieg können Sie wieder die Augen in die Ferne schweifen lassen, die Schutzengelkapelle besichtigen und anschließend den Dorseler Wald erkunden, durch den die Landesgrenze von NRW und Rheinland-Pfalz verläuft. Treten Sie aus diesem Wald heraus, erwarten Sie Aussichten, die stark an die Toskana erinnern, bevor der Wasserfallweg Sie zu Ihrem Etappenziel Ahrdorf führt.*

*Einkehren könnten Sie ausschließlich in der Burgschänke Aremberg, die gleichzeitig eine Pension ist – allerdings nur nach telefonischer Voranmeldung.*

Nachdem Sie vermutlich um 7:00 Uhr vom Glockengeläut der ✞ 14-Nothelfer-Kapelle nebenan geweckt worden sind, setzen Sie nun Ihre Wanderung fort. Die Kapelle im Rücken, laufen Sie (anstatt nach rechts in den Ort hinein) geradeaus auf Asphalt weiter. Doch ☝ passen Sie auf: Schon nach wenigen Metern verlassen Sie den asphaltierten Weg wieder, um nach rechts in einen schmalen Wanderweg einzubiegen, der hinab nach Eichenbach führt und schnell übersehen werden kann.

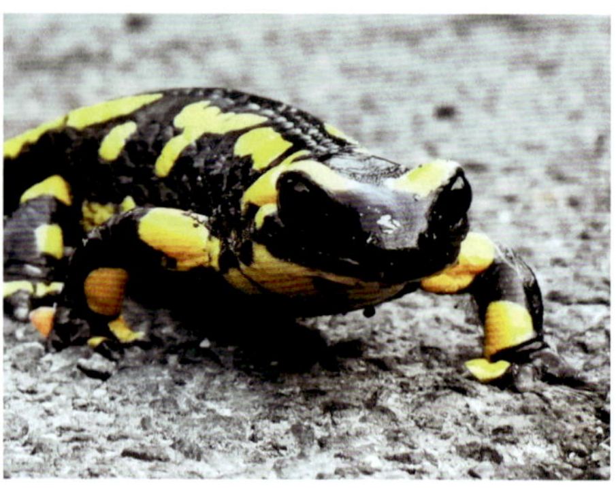

Am Wegesrand

Sie stoßen auf die Ahrtalstraße, wenden sich nach links und nach weiteren 10 m nach rechts, um der schmalen Straße zum **Eichenbach** zu folgen. Diesen überqueren Sie und treffen auf den Meisenweg, in den Sie links einbiegen. Folgen Sie ihm bis zur nächsten Kreuzung, an der rechts von Ihnen ein Stein, versehen mit einem Pfeil und den Worten „Aremberg“ und „Antweiler“, auftaucht. Sie wenden sich nach rechts und wandern bei mäßiger Steigung in den Wald hinein.

Sie ignorieren etwaige Abzweigungen, bis Sie auf eine Wiese treffen, die wieder Fernblicke zulässt. Um Kraft zu tanken für den nun folgenden Anstieg, nehmen Sie am besten eine Weile auf der ⊼ Bank mit Aussicht auf das **Naturschutzgebiet Aremberg ❶** (km 1,6) Platz.

Mit aufgefüllten Energiereserven wandern Sie weiter bis zu einer Kreuzung, an der Sie dem Wasserfallweg und dem Ahrsteig nach rechts folgen. Luft holen und ab gehts, nun etwas steiler, nach oben! Sehen Sie es positiv: Wadenmuskeltraining ist gesund.

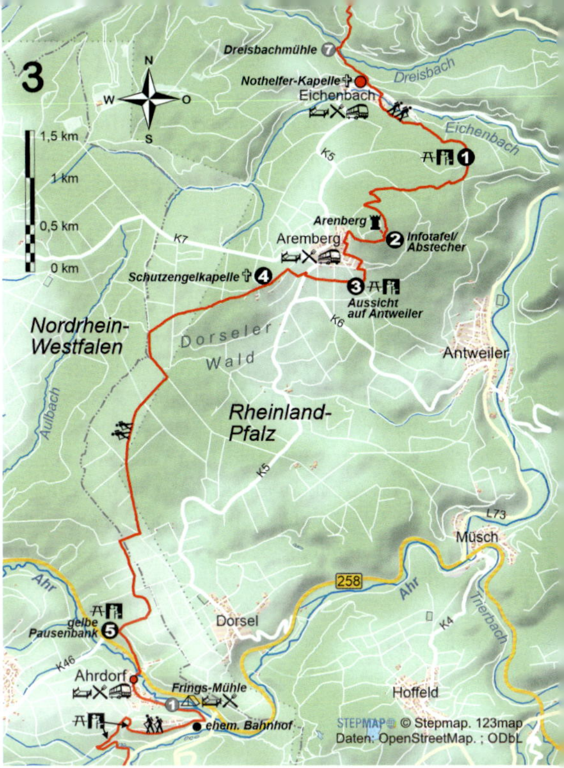

An der nächsten Gabelung halten Sie sich links. Selbiges gilt für die zweite Gabelung. Circa 2,5 km nach dem Start überqueren Sie eine weitere Kreuzung und auch die nächste Abzweigung nach rechts ignorieren Sie und folgen weiterhin dem breiten Hauptweg, der nun eine Linkskurve beschreibt. Sie nehmen auch die nächste Rechtskurve noch mit, bevor Sie an einer Gabelung mit einer Bank nach links auf einen schmalen und nun wieder stärker ansteigenden Pfad abbiegen.

Hier sollten Sie auf größere Stolperfallen in Form von Steinen und Wurzeln achten.

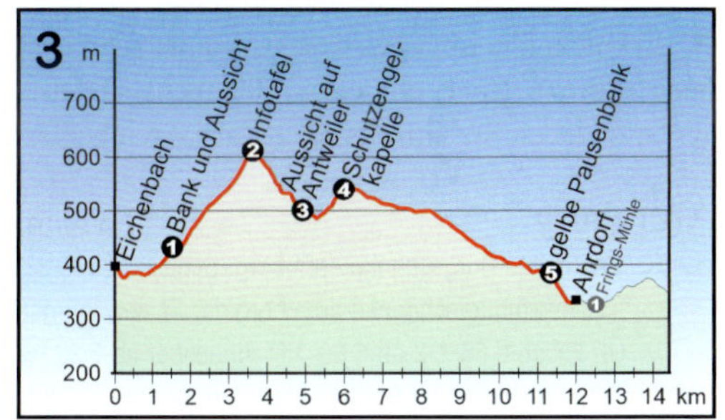


Schweißtreibend ist dieses Stück bis zur nächsten größeren T-Kreuzung, aber äußerst idyllisch und ruhig.

An der besagten T-Kreuzung mit **Infotafel ❷** (km 3,7) sollten Sie einen lohnenden Abstecher nach rechts nicht ausschlagen. Nach nur gut 100 m stehen Sie nämlich vor der **Burgruine Arenberg**.

### Burgruine Arenberg

Mitte des 12. Jahrhunderts wurde die Burg auf dem Aremberg erbaut – von der einflussreichen Fürstenfamilie derer von Arenberg. Zerstört wurde die Festungsanlage Arenberg 1682 von französischen Soldaten des Sonnenkönigs. Das barocke Schloss, das Mitte des 18. Jahrhunderts entstand, glänzte durch Gärten, in denen sogar Wein angebaut wurde. 1794 standen erneut die Franzosen „vor der Haustür“, woraufhin das Schloss 1802 auf Abriss verkauft wurde und fortan als Steinbruch diente. 1854 kaufte die Familie von Arenberg Besitztümer in der Eifel zurück und errichtete aus den Ruinen den heute noch vorhandenen Aussichtsturm.

Und warum nun heißt die Familie „von Arenberg“, Ort und Berg jedoch „Aremberg“? Das wurde während der Zeit der preußischen Verwaltung angeordnet, um eine Verwechslung mit dem Ort Arenberg bei Koblenz auszuschließen.

♦ Mehr über die Burgruine lesen Sie auf www.aremberg-burgruine.de.

An der Kreuzung laufen Sie links runter in die Kurve hinein. Ignorieren Sie die erste Abzweigung nach rechts und wandern Sie auch an der zweiten Möglichkeit weiter geradeaus und hinab. Sie treffen schon bald auf einen Picknickplatz mit einer ersten, wunderschönen **Aussicht auf Aremberg** (km 4). Nach nur circa 100 recht steilen sowie steinigen Metern abwärts stoßen Sie auf die Burgstraße Arembergs.

## Aremberg

⇧ 530 m, 218 Ew.

Gästehaus Burgschänke Aremberg, Schulstraße 1, ☏ 026 93/391, info@burgschaenke-aremberg.de, www.burgschaenke-aremberg.de, ÜF EZ ab € 65, DZ ab € 85, HP zubuchbar ab € 20, € 5,

Gastronomie der Burgschänke: Mo-Sa 15:00-20:30, So 12:00-18:00 (jedoch ausschließlich nach telefonischer Anmeldung spätestens 1 Tag vorher; Nummer siehe oben), circa 150 m vom Weg entfernt

Zwischen Aremberg und Eichenbach verkehrt (selten!) die Buslinie 817 des VRM.

Aremberg ist vor allem eben durch die höchste Erhebung im Ahrgebirge, die Sie gerade erklommen haben, bekannt. Dieser Berg ist einer der größten tertiären Vulkane der Eifel.

Folgen Sie der Burgstraße nach links. Sobald möglich, biegen Sie links ab in die Gartenstraße, die kurz danach eine Rechtskurve beschreibt.

☞ Der weite Ausblick ins Tal, der sich hier vor Ihnen auftut, wird ein wenig getrübt: Sie sollten auf den nächsten 100 m gut auf Ihre Füße achten, denn es geht über Asphalt recht steil hinunter.

Sie treffen auf die steigungslose Herzogstraße und biegen hier nach links ab, um sich auf ihr in Richtung Ortsrand zu bewegen. Bei der dritten Gelegenheit gehts nach rechts in die Straße Wingerts Büsch, die wieder abfällt.

*Blick auf Aremberg*

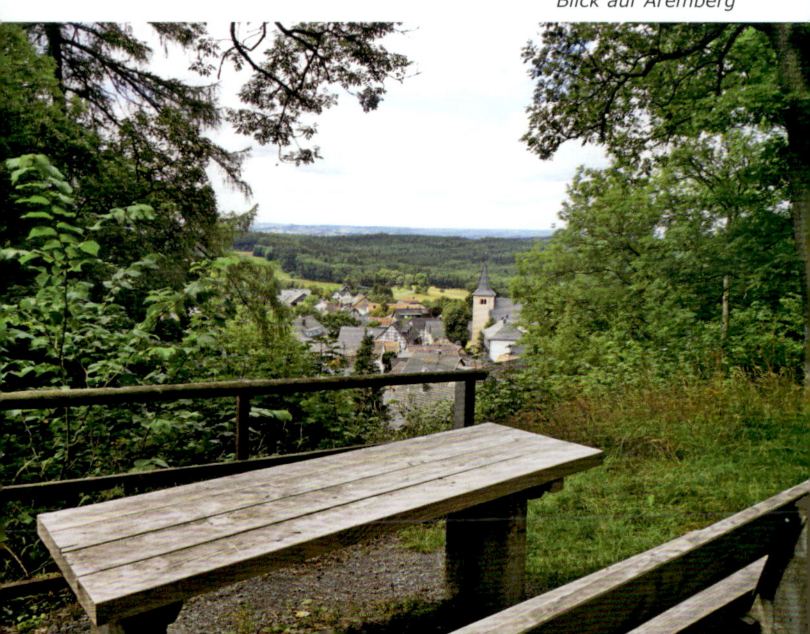

Am Ende biegen Sie links ab auf die Weiherstraße, um die nächste Abzweigung nach rechts zu nehmen, dank derer Sie über einen Wiesenweg den Ort verlassen und sich in der nächsten Kurve abermals rechts halten. An der nächsten Kreuzung erwartet Sie eine Bank mit hübscher **Aussicht auf Antweiler ❸** (km 5).

Hier können Sie rasten oder gleich dem ebenen Weg immer weiter geradeaus bis zur K5 folgen. Dort angekommen wenden Sie sich kurz nach rechts, um nach wenigen Metern vorsichtig die Kreisstraße zu überqueren und direkt danach in den nach links führenden Wanderweg abzubiegen.Schon an der nächsten Möglichkeit halten Sie sich rechts und erklimmen den Hügel, indem Sie dem Wiesenweg hinauffolgen.

Oben angekommen folgen Sie der asphaltierten Kapellenstraße nach links, die Sie zur **Schutzengelkapelle ❹** (km 6) bringt.

## Die Schutzengelkapelle

Pfarrer Lorenz Sprünker gründete 1669 die Schutzengelbruderschaft, deren Anhänger sich fleißig engagierten, um die Kapelle zu verwirklichen. Die imposanten Sandsteinquader, die das Eingangstor der Kapelle bilden, stammen aus der Burgruine auf dem Aremberg. Dem Schutzpatron der Wanderinnen und Wanderer können Sie in dieser Kapelle auch begegnen: Eine der Altarfiguren stellt den Erzengel Raphael in Pilgerkleidung dar. Anfang September statten viele Menschen aus der Umgebung der Kapelle einen Besuch ab, um eine Messe zu feiern – am Tag des Schutzengelfestes. Am Dreifaltigkeitssonntag findet zudem eine Prozession statt, die am nahe gelegenen Bildstock (an dem Sie auch noch vorbeiwandern) mit einer Brotsegnung endet.

Diese Segnung ist eine alte Tradition: Ein Unwetter zerstörte vor Jahrhunderten die Ernten aller umliegenden Dörfer – nur Aremberg blieb verschont. Die Bürgerinnen und Bürger versprachen dankbar, fortan das Brot auf diese Weise zu segnen und halten sich bis heute daran. Angeblich wird das gesegnete Brot nicht schimmelig. Einen Teil davon verspeist man am Bildstock, den Rest gibt man Angehörigen, Nachbarinnen und Nachbarn und krankem Vieh.

an Wochenenden geöffnet

Den nun folgenden schönen, aber vielleicht auch recht eintönigen Abschnitt des Wasserfallweges können Sie ja nutzen, um über Schutzengel zu meditieren. Liegt Ihnen das fern, so genießen Sie einfach die Stille des **Dorseler Waldes**.

An der nächsten Gabelung nach der Kapelle halten Sie sich links, um in den Wald hineinzuwandern. Selbiges gilt für die eine weitere, schnell folgende Gabelung. Die sich anschließende Abzweigung nach links ignorieren Sie, denn Sie wollen nicht zur Hütte, sondern weiter durch den Wald. Aus demselben Grund wandern Sie auch an allen nun folgenden Kreuzungen und Gabelungen stur geradeaus weiter, bis Sie auf eine Kreuzung mit Wegweisern (km 7,4) treffen. Hier befinden Sie sich an der Landesgrenze zwischen Rheinland-Pfalz und NRW und biegen links ab. Nach weiteren gut 600 m folgen Sie dem Hauptweg nach rechts, passieren eine Kreuzung mit freien Flächen links und rechts, auf denen einige Hochsitze stehen, und lassen auch alle weiteren Abzweigungen links und rechts liegen, bis Sie aus dem Dorseler Wald hinaustreten (km 9,8). Hier treffen Sie kurz auf Asphalt, verlassen diesen aber sofort nach rechts auf einen Wiesenweg, um sich dann nach rund 200 m links zu halten. Seien Sie an dieser Stelle versichert: Sie befinden sich nicht in der Toskana, sondern immer noch in der Eifel. Grandiose Aussichten über Wiesen und Felder, oder?

Am nächsten Hochsitz überqueren Sie die Kreuzung und befinden sich nun auf einer Asphaltstraße, der Sie folgen. Die erste kleinere, jedoch sehr kurze Steigung seit der Kapelle steht hier an, allerdings nicht für lange Zeit. Zwar ignorieren Sie den ersten kleinen Wiesenweg, der nach rechts führt, biegen aber auf halbem Weg hinauf zum Hügel in den nächsten Feldweg rechts ein. Sie wandern kurzzeitig auf die in weiterer Ferne zu sehende Ortschaft Uedelhoven zu. Nach gut 300 m können Sie sich auf einer **gelben Pausenbank ❺** niederlassen und hier den ersten schönen Ausblick auf Ihr Etappenziel **Ahrdorf** genießen (km 11,3). Dann biegen Sie auf den kleinen Wiesenweg links von Ihnen ab, der hinab zur **B258** führt.

Diese Straße überqueren Sie vorsichtig und laufen weiter Richtung Hubertusstraße, in die Sie nach rechts einbiegen, um über die hübsche **Bogenbrücke**, die im 19. Jahrhundert erbaut wurde, in den Ort hineinzuwandern.

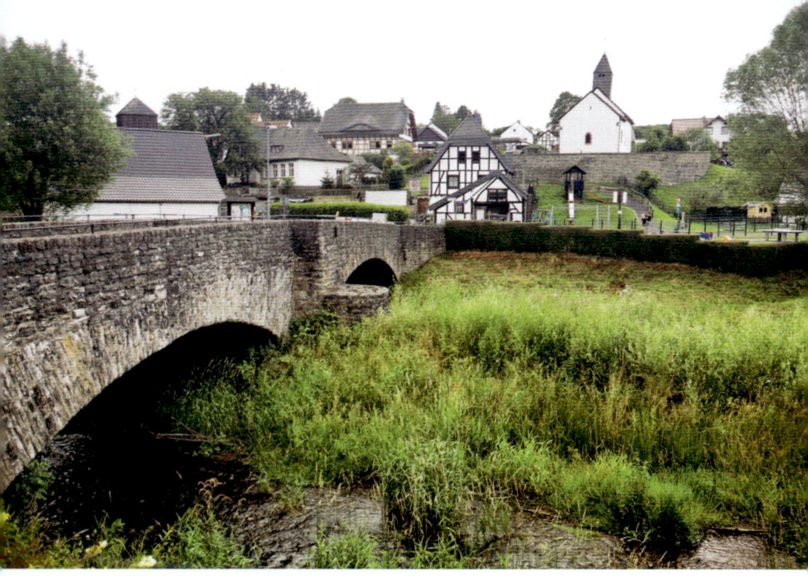

*Bogenbrücke in Ahrdorf*

Folgen Sie weiter der Hubertusstraße, die eine Linkskurve beschreibt und in der Sie rechter Hand das **Kriegerdenkmal** für die Gefallenen der beiden Weltkriege entdecken. Sie sind an Ihrem Etappenziel angelangt und können nun den Ort erkunden – oder einfach die Seele baumeln lassen (km 12).

## Ahrdorf

⇧ 340 m, 240 Ew., 🛏 ⛺ ✕ ✝

🛏 Pension zur Ahrterrasse, Hubertusstraße 9, ☏ 026 97/10 39, ✉ info@pension-ahrterrasse.de, 💻 www.pension-ahrterrasse.de, die Zimmer des Ferienhauses der Familie Weber sind auch als Pensionszimmer mit Frühstück buchbar, ÜF EZ ab € 40, DZ ab € 60, liegt direkt am Weg

⛺ 🛏 ✕ Frings-Mühle, Hubertusstraße 23-31, ☏ 026 97/74 25, ✉ campingfrings-muehle@t-online.de, 💻 www.campingfrings-muehle.de, ÜF EZ ab € 50, DZ ab € 70, Ü Zeltplatz: € 7,60 pro Nacht und Person plus geringe Stromkostenpauschale, 🍎 möglich, sollten Sie Mi oder Do hier übernachten, bringt man Sie abends gerne zum Essen nach Uedelhoven oder Blankenheim, 🚪 Gasthof Mi-Do Ruhetag, sonst ab 10:00, liegt direkt am Weg

Das kleine Örtchen Ahrdorf entstand im Jahr 970 als „Aredorph“. Die Bogenbrücke bestand zunächst nur aus einem Brückenbogen. Den zweiten Bogen baute die Gemeinde 1985, weil sie immer wieder mit Überschwemmungen zu kämpfen hatte. Zudem finden Sie im Ort noch die ✞ St.-Hubertus-Kapelle aus dem 11. oder 12. Jahrhundert. Sie verfügt über eine Wandmalerei aus dem 15. Jahrhundert. Ahrdorf ist auch bekannt für sein Seifenkistenrennen, das seit 1975 jedes Jahr ausgetragen wird. Allerdings gab es eine Unterbrechung von 1982 bis 2002, bis das Event wieder zum Leben erweckt wurde.

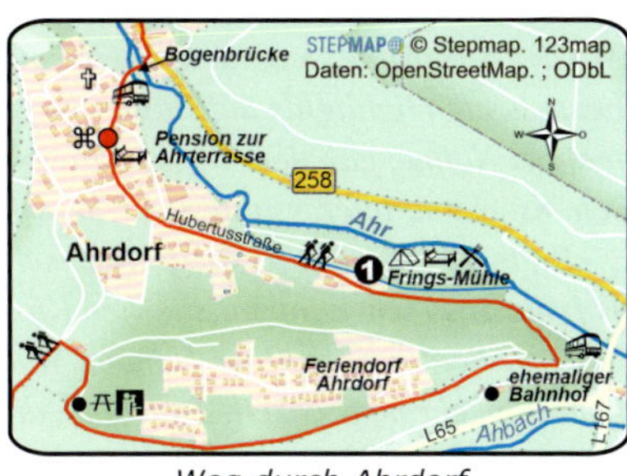

*Weg durch Ahrdorf*

## Ehemaliger Bahnhof Ahrdorf

Für Kölsch-Rock-Fans spannend: Die Gruppe **BAP** probte im einstigen Ahrdorfer Bahnhof, der bis Anfang der 60er auch tatsächlich als Bahnhof fungierte, für Schallplattenaufnahmen zum Album „Für usszeschnigge!“. Das Cover der BAP-LP „Vun drinne noh drusse“ (nach der auch eine Eifel-Schleife benannt wurde) ziert ein Foto der Bahnhofgüterhalle bei Nacht.

☺ Vom Wasserfallweg aus können Sie auf der 4. Etappe einen Blick von oben auf den Bahnhof werfen.

# 4. Etappe: Ahrdorf – Niederehe

*12,8 km, 3 Std. 30 Min., ↑ 346 m, ↓ 269 m, ⇧ 325-418 m*

| | | |
|---|---|---|
| 0,0 km | ⇧ 333 m | Ahrdorf (Kriegerdenkmal) |
| 0,5 km | ⇧ 325 m | Campingplatz Frings-Mühle |
| 4,2 km | ⇧ 366 m | Burgruine Neublankenheim |
| 7,5 km | ⇧ 366 m | Ahütte (L10) ✞ |
| 9,8 km | ⇧ 377 m | Dreimühlen-Wasserfall |
| 10,3 km | ⇧ 382 m | Abzweigung zur Nohner Mühle |
| 12,8 km | ⇧ 411 m | Niederehe (Friedhof/Kreuzung Stroheicher Straße) ✞ |

*Mit der Burgruine Neublankenheim und dem Dreimühlen-Wasserfall liegen heute echte Highlights auf Ihrem Weg. Letzterer, das berühmte Naturdenkmal bei Nohne, gab dem Wasserfallweg seinen Namen und gilt zu Recht als schönster und interessantester Wasserfall der Eifel.*

*Kleinere An- und Abstiege wechseln sich ab, in Ahütte können Sie die Vorräte an einem minimalistischen Kiosk auffüllen, der nur 150 m vom Weg entfernt liegt, und mit der Nohner Mühle erwartet Sie eine idyllisch gelegene Einkehrmöglichkeit. Zudem ist die Klosterkirche in Niederehe, Ihrem heutigen Etappenziel, ein echtes Juwel. Wer in Niederehe übernachten möchte, der sollte darauf eingestellt sein, dass das örtliche Gasthaus montags und dienstags Ruhetag hat (Besuch zudem am besten vorher anmelden!). Weitere Einkehrmöglichkeiten gibt es im 9 km entfernten Hillesheim, das mit dem Taxi erreichbar ist.*

Am Kriegerdenkmal von Ahrdorf folgen Sie weiter der Hubertusstraße in eine leichte Linkskurve. Nach wenigen Metern passieren Sie die 🛏 Pension zur Ahrterrasse, um dann auch schon auf den rechts liegenden Hubertushof (geschlossen) zu treffen. Hier halten Sie sich links, an der nächsten Gabelung ebenfalls und ignorieren auch Abzweigungen, bis Sie – immer noch auf der Hubertusstraße – auf den ⛺ 🛏 ✕ **Campingplatz und Gasthof Frings-Mühle ❶** (km 0,5) stoßen.

Gut 200 m folgen Sie weiterhin der Teerstraße, bis Sie in der lang gezogenen Rechtskurve dank eines kleinen und leicht ansteigenden Pfades, der ebenfalls eine Rechtskurve beschreibt, im Wald verschwinden. Sie folgen diesem Wanderweg auch an der ersten Gabelung weiter geradeaus. Links und unterhalb von Ihnen taucht bald der **Ahrdorfer Bahnhof** auf (km 1,1).

Weiter gehts immer geradeaus, bis in einer Rechtskurve rechts oberhalb von Ihnen ⛼ zwei Bänke mit Aussicht auf Wälder, Wiesen und Felder (km 1,8) auftauchen. Sie haben soeben das Feriendorf von Ahrdorf umrundet.

Sie treffen nach wenigen Metern auf einen Schotterweg, folgen ihm nach links, um an der nächsten Kreuzung einem Teerweg ebenfalls nach links und an einer Scheune vorbei zu folgen. An der Kreuzung halten Sie sich erneut links, um an bei nächster Gelegenheit nach links in die asphaltierte Straße abzubiegen, die eine Rechtskurve beschreibt. Sie passieren auf dem Weg hinab ins Tal eine gelbe ⛼ Bank mit Aussicht auf eine Schafwiese und treffen unten auf eine Art Minikreisverkehr mit Grasfläche. Sie biegen scharf links ab, denn Sie möchten dem Hinweisschild folgen, das Ihnen verrät, dass nur noch 1,6 km zwischen Ihnen und der **Ruine Neublankenheim** liegen.

Sie folgen der Straße, die bald zum Schotterweg wird, leicht bergab, bis Sie an der Kreuzung mit dem eingezäunten Grundstück rechts abbiegen, um sich direkt danach links zu halten und den Schotterweg zugunsten eines Wanderweges zu verlassen. Dieser führt Sie weiter am eingezäunten Grundstück entlang. An der nächsten Gabelung, an der der linke und verwildert aussehende Pfad auf eine Wiese führt, halten Sie sich rechts. Sie folgen Ihrem Wanderweg, der dank der Büsche und Bäume, die sich kurzzeitig über Ihnen zu verbinden scheinen, ein wenig abenteuerlicher wird, bis Sie bei etwa km 3,1 auf eine kleine Gabelung treffen. Halten Sie sich links (☞ das Wasserfallweg-Schild erscheint erst ein paar Meter weiter!).

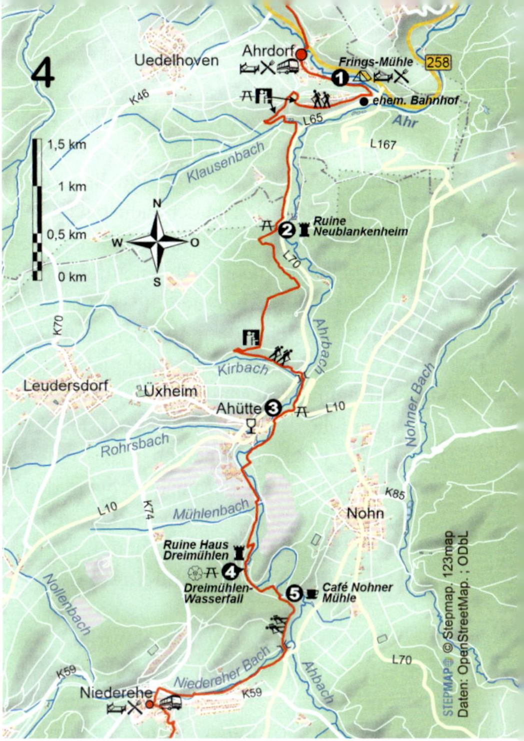

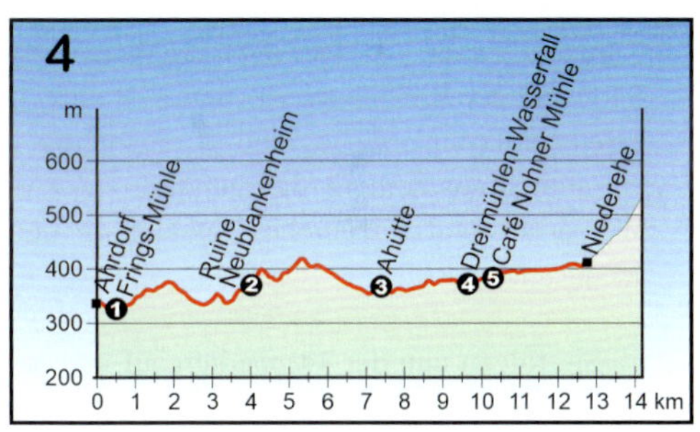

Bald schon begegnen Sie der Straße Unkental, der Sie parallel zur viel befahrenen L65 folgen, bis sie rechts abbiegt. Sie dagegen wandern weiter geradeaus, passieren ein Jägerhüttchen, das an einer Wiese mit Haus auftaucht, und halten sich an der nächsten Gabelung links. Auf einem grasigen Weg, der wieder leicht abfällt, geht es wieder in den Wald hinein. Eine Treppe, die bald links von Ihnen auftaucht und zur Landstraße führt, ignorieren Sie. Bei km 3,9 freuen Sie sich hoffentlich über ein gutes Schuhprofil, denn es geht 30 m, die auch ohne Regen rutschig sind, steil bergab.

An einem kleinen Schotterparkplatz, der an der L70 liegt, geht es für Sie auf dem steinigen Wanderweg rechts weiter, der erst einmal eine Linkskurve bergauf beschreibt. In der nächsten Linkskurve wandern Sie weiter bergauf auf ein Treppengeländer zu – ignorieren Sie also den kleinen aufwärtsführenden Weg, der nach rechts in den Wald locken möchte.

Nach nur wenigen weiteren recht steilen Metern stehen Sie an einem netten Picknickplatz mit Infotafel, die Sie über die links von Ihnen liegende **Ruine Neublankenheim ❷** (km 4,2) aufklärt.

## Burgruine Neublankenheim

Seit 1987 gehört die Ruine im Ahbachtal in der Kalkeifel dem Landkreis Daun, der sie durch Renovierungsarbeiten von 2004 bis 2006 vor dem Einsturz bewahrt hat. Gott sei Dank, denn trotz der nahen Landstraße können Sie hier deshalb nun eine ruhige Pause im recht idyllischen Innenhof der Burganlage einlegen. Der noch erhaltene Bergfried ist 24 m hoch und die Südwand der Höhenburg ist rund 2 m dick. Die Burg ist eine Station des Eifelkrimi-Wanderweges und ganzjährig frei zugänglich. Sie stammt vermutlich aus dem 13. Jahrhundert und war (wie auch der Dreimühlen-Wasserfall und Niederehe) Schauplatz der Eifelkrimi-Buchreihe von Jacques Berndorf.

Sie folgen nun der Treppe bergauf und halten sich direkt danach links und damit aufwärts. Nach ein paar Metern folgen Sie dem Weg weiter nach rechts in den Wald hinein, ignorieren an der kleinen Minigabelung den Weg, der rechts runterführt, und wandern stattdessen weiter geradeaus und bergauf.

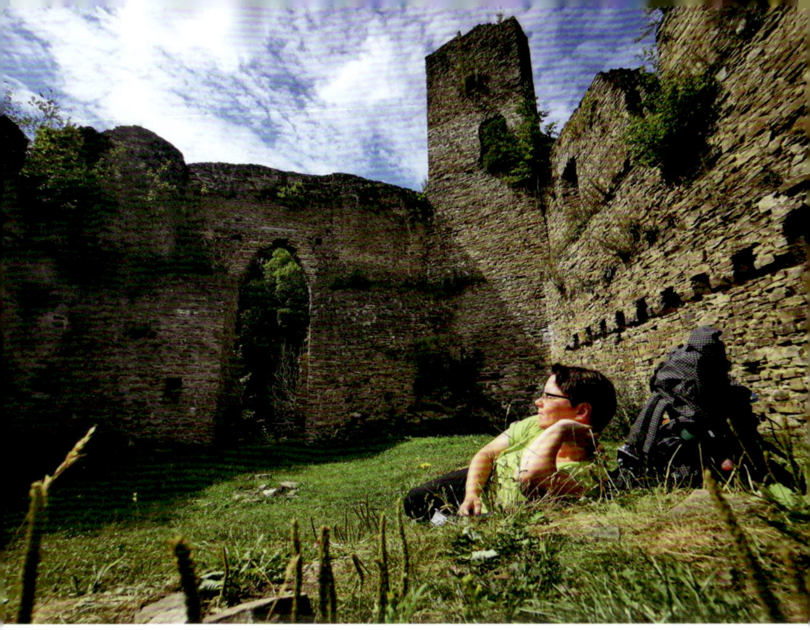

*Burgruine Neublankenheim*

An der nächsten T-Kreuzung geht es links hinab und weiter durch den Wald. Diesem Weg folgen Sie, bis Sie auf eine Lichtung mit Gabelung treffen (km 4,7). An dieser Gabelung geht es rechts auf den leicht bergauf führenden Weg und auf keinen Fall links runter zur Landstraße.

Die nächste T-Kreuzung hält verwirrende Schilder für Sie bereit: Sie biegen rechts ab.

An der folgenden kleinen Gabelung nehmen Sie den linken Weg und wandern damit fast geradeaus weiter. An der nächsten Möglichkeit halten Sie sich ebenfalls links und treten bald aus dem dichten Laubwald heraus. Sie wandern geradeaus über die Wiese auf den Hügel. Bleiben Sie kurz stehen und schnaufen Sie durch: Hier können Sie bei schönem Wetter eine tolle Rundumsicht mit Blick auf den halb rechts von Ihnen in der Ferne liegenden Ort **Üxheim** genießen.

An der nächsten T-Kreuzung biegen Sie nach rechts auf die asphaltierte Straße ein, um bald darauf scharf links auf den Wiesenweg abzubiegen, der leicht abfällt. Bald schon treten Sie in einen kühlen Wald ein; links von Ihnen rauscht ein kleines Bächlein: Sie befinden sich im **Kirbachtal**.

Nach dem Wald treffen Sie auf eine kleine Teerstraße und biegen hier rechts ab. Die **L70** wird bald mithilfe einer Unterführung unterquert. Direkt danach halten Sie sich rechts, um dann sofort links und über die Brücke weiterzuwandern. Nach der Brücke folgen Sie der Hammerstraße, auf die Sie nun treffen, ✋ vorsichtig nach rechts, bis Sie schließlich auf die L10 stoßen. Ihnen gegenüber befindet sich ein ⛼ Picknickplatz unter Bäumen, Sie jedoch biegen rechts ab in Richtung Ortsschild von **Ahütte ❸** (km 7,5).

## Ahütte ⇧ 359 m, 173 Ew., 🍷 ✝

🍷 Kiosk Erik, Bahnhofstraße 5, ☎ 026 96/93 18 37, Mo-So 9:00-23:00

Ahütte am Ahbach gehört zum etwa 1 km nordwestlich gelegenen Üxheim und dominierend sind die weithin sichtbaren Kalk- und Zementwerke oberhalb des Ortes. Sie wandern nicht direkt durch den Ort, sondern auf dem Radweg, einer ehemaligen Bahntrasse, an ihm vorbei. Sie haben jedoch die Möglichkeit, am niedlichen 🍷 Kiosk Erik zu rasten, der rund 150 m abseits des Wasserfallweges liegt (ausgeschildert). Bei der ✝ katholischen Filialkirche St. Joseph aus dem Jahr 1705 handelt es sich um einen kleinen, zweiachsigen Saalbau. Sie ist vom Weg aus bereits zu sehen. Die Arenbergische Mühle aus Bruchstein und Fachwerk am Mühlenweg 4 stammt aus dem Jahr 1820 und steht unter Denkmalschutz. Sie gehörte zum Besitz der Arenberger, die Sie ja bereits auf der 3. Etappe kennengelernt haben. An ihr wandern Sie direkt vorbei.

Sie folgen der Hauptstraße durch Ahütte, bis Sie vor der Brücke mit Blick auf Kirche und Zementwerk die Straße nach links zugunsten einer kleinen geteerten Straße verlassen, die dann eine Rechtskurve beschreibt und an einem Waldrand am Ort vorbeiführt (☞ wollen Sie jedoch am sich am Kiosk Erik erfrischen, denn folgen Sie hier dem Hinweisschild weiter geradeaus!).

Bei der geteerten Straße handelt es sich um einen Radweg, dem Sie weiter folgen, indem Sie die erste Brücke rechts ignorieren. Ebenso verfahren Sie mit dem kleinen Weg, der wenige Meter später scharf rechts zum Bach hinunterführt. Auf der gegenüberliegenden Bachseite können Sie das Mahlmühlenensemble der **Arenbergischen Mühle** entdecken.

An der nächsten Kreuzung nach der Linkskurve geht es für Sie nicht links hoch auf den Berg, sondern weiter geradeaus und leicht bergab auf dem Radweg, um nach wenigen Metern rechts abzubiegen. Überqueren Sie die Brücke, um direkt danach dem Schild „Fußweg zum Wasserfall" nach links zu folgen.

Dem Radweg folgen Sie immer weiter am Gelände des Zementwerkes entlang, bis Sie auf eine weitere Brücke mit Rechtsknick stoßen. Auch diese überqueren Sie. An der ⩩ Bank nach der Brücke folgen Sie dem Wanderweg gemeinsam mit dem Eifelsteig nach links.

Die nächste Brücke lassen Sie einfach rechts liegen und wandern weiter geradeaus; links von Ihnen befinden sich nun Wiesen. Wenn Sie auf eine ⩩ Bank treffen, biegen Sie scharf links ab und der Weg beschreibt nun eine Rechtskurve. Vorbei gehts jetzt an der ♜ **Ruine des Hauses Dreimühlen**, einer ehemaligen kleinen Höhenburg, die ebenfalls einmal zum Besitz der Arenberger gehörte. Bereits 1807 wurde das Haus auf Abbruch versteigert. Die Überreste sind frei zugänglich.

Um zum nahen ✿ ⩩ **Dreimühlen-Wasserfall ❹** (km 9,8) zu gelangen, folgen Sie dem Wanderweg weiter geradeaus und ignorieren etwaige Abzweigungen.

## ✿ Dreimühlen-Wasserfall

Benannt wurde das eindrucksvolle Nohner Naturdenkmal nach den Ruinen des Hauses Dreimühlen. Steine, Bäume und ⩩ Bänke laden zum Verweilen ein. Dementsprechend gut besucht ist der Wasserfall im Sommer. Das Wasser ist nur rund 8 Grad warm, sehr kalkhaltig und fällt über eine Breite von etwa 12 m circa 4 bis 6 m in die Tiefe hinab. Der Wasserfall entstand Anfang des 20. Jahrhunderts, als man die Bahnstrecke von Dümpelfeld nach Lissendorf erbaute und infolgedessen drei Quellzuflüsse des Ahbachs zusammenfasste und hierher umleitete. Das Besondere an diesem Schauspiel: Das Gebilde wächst jedes Jahr um rund 10 cm an. Spritzt das Wasser über den Rand, wird Kohlendioxid freigesetzt. Kalziumkarbonat bleibt zurück und bildet auf dem Moos Ablagerungen – der Wasserfall wächst.

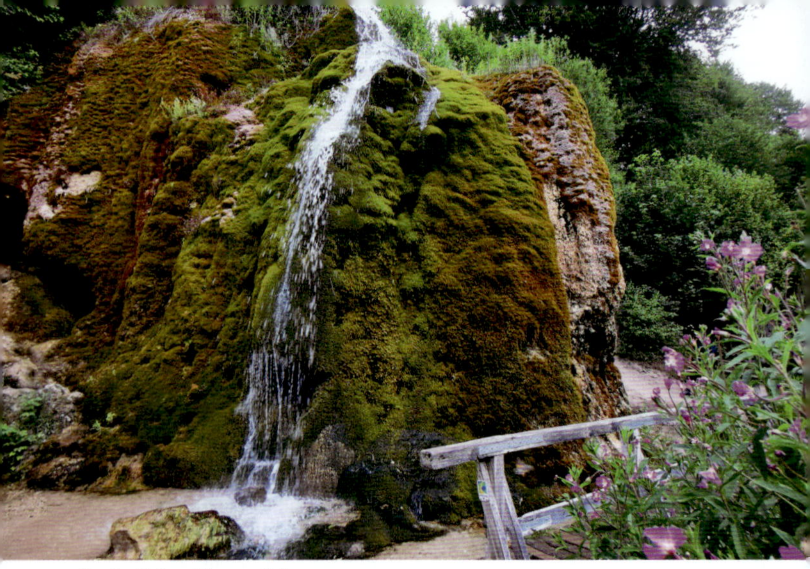

*Dreimühlen-Wasserfall*

Wenn Sie sich vom Anblick losgerissen haben, verlassen Sie den Platz (mit dem Wasserfall im Rücken) und wandern in den kleinen Wald hinein; zunächst immer am Bach entlang, dann gemeinsam mit dem Eifelsteig weiter geradeaus. Recht bald gelangen Sie an eine Kreuzung, an der Sie dem nach halb rechts weisenden Schild „Nohner Mühle P" folgen.

✋ Achtung: viel Wurzelwerk!

An der Unterführung müssen Sie sich entscheiden.

➩ Entweder wandern Sie gut 200 m weiter bis zum in Sichtweite liegenden ☕ **Café Nohner Mühle ❺** (km 10,3), einem ehemaligen Stallgebäude der einstigen Mühle, wo Sie kühle Getränke, Eis, Kuchen, Waffeln oder eine Brotzeit genießen können

☕ Café Nohner Mühle, Nohner Mühle 2, ☏ 026 96/13 14,
🚪 Ostern bis August Do-Di 11:00-19:00, September/Oktober Do-Di 11:00-18:00, Mi Ruhetag, November Sa/So 11:00-18:00

Oder Sie nutzen direkt die Unterführung und biegen danach links ab. Folgen Sie der Teerstraße in der nächsten Kurve (km 10,6) weiter nach rechts und ignorieren Sie damit den schmalen Pfad nach links. Nach weiteren rund 300 m fällt Ihnen der Weg, der nach rechts abbiegt, nicht auf – Sie laufen geradeaus weiter über die Teerstraße auf eine Gabelung zu. An dieser Gabelung mit Infoschild zur Mineralquellenroute halten Sie sich links, überqueren die Brücke über den **Niedereher Bach** und biegen direkt danach gemeinsam mit dem **Hocheifel-Weg** rechts ab. Das nächste Wasserfallweg-Schild erscheint nach gut 80 m.

Sie wandern immer weiter geradeaus, bis Sie rechts erneut eine Brücke am Kalkeifel-Radweg sehen. Nachdem Sie diese überquert haben, biegen Sie auch schon links ab – und zwar in den kleinen Weg, der hinaufführt. Parallel zur K59 geht es weiter in Richtung **Niederehe**, bis Sie auf die K74 stoßen.

Diese überqueren Sie vorsichtig.

Sie wenden sich nach links und lassen auch bei der Überquerung der K59, der Nohner Straße, Vorsicht walten. Hinter der zu überquerenden Brücke liegt rechts von Ihnen ein kleiner Park und auch das imposante Kloster mit Klosterkirche aus dem 12. Jahrhundert lässt sich bereits bestaunen. An der nächsten Kreuzung folgen Sie der Loogher Straße nach rechts; die Bruchsteinmauer, die den Friedhof einfasst, liegt rechts von Ihnen.

An der Kreuzung mit der Stroheicher Straße haben Sie Ihr Etappenziel erreicht (km 12,8). Hier geht es morgen links weiter, bergauf über die Stroheicher Straße in Richtung **Wacholder-Naturschutzgebiet Hönselberg**.

*Hochgrab in der Klosterkirche Niederehe*

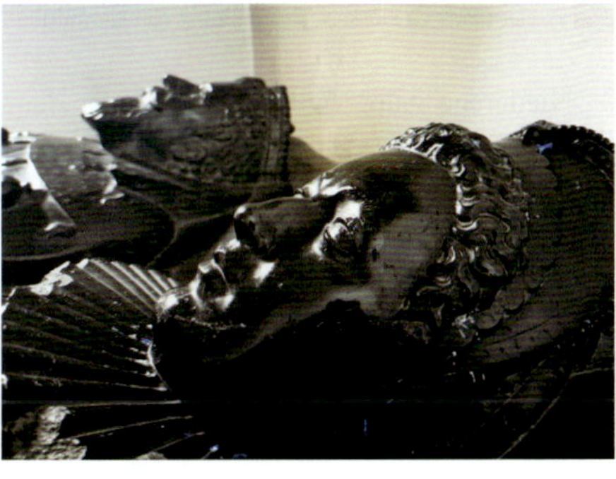

Wenn Sie in Niederehe übernachten oder essen möchten, laufen Sie einfach weiter an der Bruchsteinmauer entlang, bis Sie nach wenigen Metern vor dem **Landgasthof Schröder** und dem **Hotel Niedereher Mühle** stehen.

## Niederehe

413 m, 460 Ew.

Landgasthof Schröder, Kerpener Straße 7, 026 96/10 48, info@landgasthof-schroeder.de www.landgasthof-schroeder.de, ÜF EZ € 55, DZ € 100, Übernachtungen für eine Nacht und am Wochenende nur auf Anfrage, Restaurant Mo-Di Ruhetag, Küche Mi-So 12:00-13:45 und 18:00-21:00 (reservieren; hervorragendes Essen!), gut 100 m vom Wasserfallweg entfernt

Niedereher Mühle, Kerpener Straße 4, 026 96/931 45 46, willkommen@niederehermuhle.de, niederehermuhle.de, kein Luxushotel, aber gemütlich; sehr netter Empfang durch das Inhaberehepaar; vor allem Cindy Groen glänzt durch herzliche Gastfreundschaft; Kühlschrank mit kühlen Getränken zur Selbstbedienung (Rechnung kann morgens beglichen werden), ÜF EZ € 40, DZ € 70, möglich, gut 120 m vom Wasserfallweg entfernt

Praktisch: Mi und Sa zwischen 9:00 und 9:30 fährt der Verkaufswagen der Vollkornbäckerei Epp-Emondts bimmelnd durch Niederehe und bietet das Sortiment aus dem Wagen heraus an, wofür die Autorin sehr dankbar war.

Taxi nach Hillesheim (hier gibt es Restaurants – falls Sie montags oder dienstags in Niederehe schlafen sollten und das dortige Restaurant geschlossen ist), Taxi Trauden, 065 93/98 91 98, taxi-trauden@web.de, www.taxi-trauden.de, Kosten hin und zurück: circa € 18

Der Bus 522 bringt Sie (selten!) von Niederehe nach Daun.

Niederehe wurde 948 erstmals unter dem Namen „Hiea“ erwähnt und verfügt über eine wunderschöne Klosterkirche aus dem 12. Jahrhundert – und nach Ihrer Übernachtung macht diese Ihnen zwischen 7:00 und 7:04 sogar ein tolles Geschenk: das vehemente Läuten ihrer Glocken. Aber Sie sollten auf jeden Fall auch einen Blick in die Kirche hineinwerfen. Niederehe verfügt zudem über Naturdenkmäler. So können Sie zum Beispiel unter der großen Linde an der Klosterkirche verweilen. Das Wacholderheidegebiet durchqueren Sie auf der 5. Etappe. Bemerkenswert ist auch, dass es im Ort in der Hillesheimer Kalkmulde ein gratis verfügbares WLAN-Netz gibt.

## ✝ Kloster mit Klosterkirche St. Leodegar

Die Ursprünge des ehemaligen Augustinerinnenklosters reichen zurück bis ins 12. Jahrhundert. 1505 wurde es in ein Männerkloster umgewandelt. Seit der Auflösung im Jahr 1803 durch Napoleon dient die Kirche nur noch als Pfarrkirche, die aber seit ihrer Renovierung in den 60er-Jahren nun wieder im alten Glanz erstrahlt.

*Klosterkirche St. Leodegar*

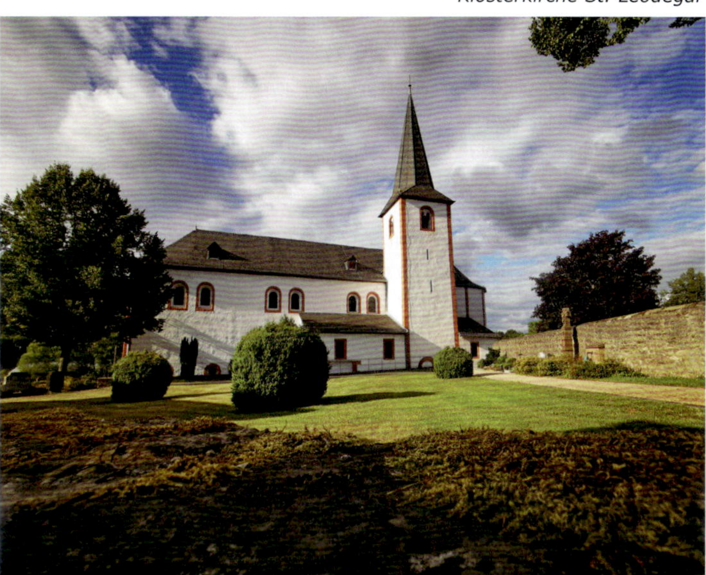

Sie ist ganztägig zugänglich und beherbergt unter anderem das Hochgrab Phillips von der Mark und seiner Ehefrau Katharina, wertvolle Bilder aus dem 17. Jahrhundert und ein Chorgestühl von 1530. Die Balthasar-König-Orgel aus dem Jahr 1715 kann nach Anfrage unter ☏ 026 96/13 07 (Pfarrbüro Niederehe) besichtigt werden. ☺ Kleiner Tipp: Sie müssen nicht übervorsichtig in die Kirche eintreten – das Licht geht irgendwann automatisch an.

# 5. Etappe: Niederehe – Dockweiler – Daun

*22,4 km, 7 Std., 508 m, 528 m, 391-594 m*

| | | |
|---|---|---|
| 0,0 km | 411 m | Niederehe (Friedhof/Stroheicher Straße) |
| 4,7 km | 516 m | Stroheicher Kapelle |
| 6,5 km | 587 m | Zwischen den Vulkankegeln Kahlenberg und Döhmberg |
| 9,8 km | 513 m | Dockweiler Campingplatz |
| 13,4 km | 497 m | Dockweiler Sauerbrunnen |
| 18,2 km | 420 m | Rengener Drees |
| 21,1 km | 425 m | Zusammentreffen Lieserpfad/Wasserfallweg |
| 21,6 km | 403 m | Brücke über die B257 |
| 22,4 km | 391 m | Abzweig Zuweg Daun (Dauner Forum) BANK |

*Heute können Sie sich über eine zwar lange, aber auch sehr vielfältige Etappe freuen. Sie durchwandern Heidegebiete, schattige Wälder, genießen Fernblicke und die Aussicht auf Vulkankegel, lernen zwei der zahlreichen Eifeler Sauerbrunnen kennen und landen am Ende in der lebendigen Stadt Daun. Hier locken zum Beispiel das spannende Vulkan-Eifelmuseum, eine Burg und abwechslungsreiche Gastronomie.*

*Einkehr- und Übernachtungsmöglichkeiten gibt es etwa auf der Hälfte der Etappe in Dockweiler, dann jedoch erst wieder in Daun.*

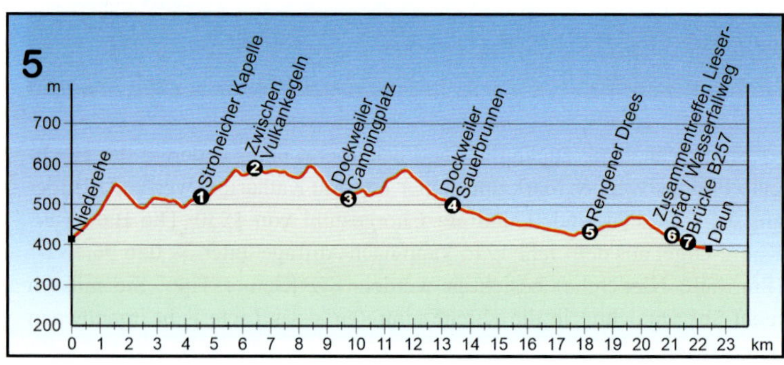

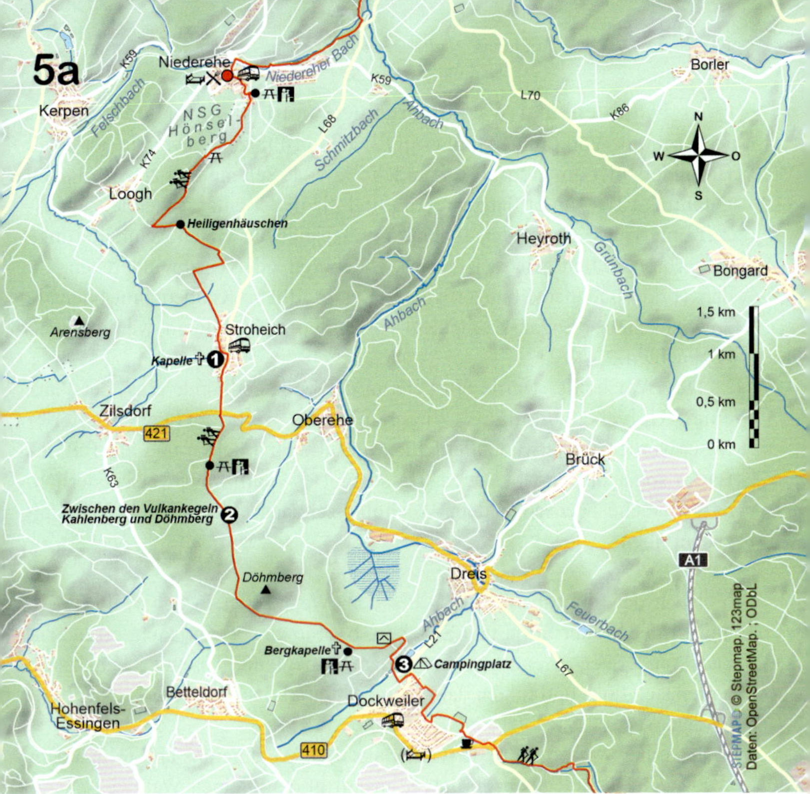


Mit dem Friedhof im Rücken verlassen Sie Niederehe und folgen der Stroheicher Straße bergauf. Ihrem Lauf folgen Sie weiter an jeder Kreuzung. Erst nach einer Bank in einer Rechtskurve mit Blick zurück auf Niederehe müssen Sie wach werden: An der nächsten Gabelung verlassen Sie die Stroheicher Straße nach rechts, um der Straße Am Hönsel, die schnell zu einem schönen Wiesenwanderweg wird, ins Naturschutzgebiet zu folgen.

Nach der zweiten Bank, die Sie passieren, folgt eine weitere Gabelung. Entscheiden Sie sich für den rechten Weg bergauf, dem Sie bis zu einer **Sinnesbank** (km 1,3) folgen, die einen traumhaften Blick auf die Täler und das nun unter Ihnen liegende Naturschutzgebiet Hönselberg bietet – Pausenzeit nach dem ersten längeren Anstieg!

### ❀ Naturdenkmal Wacholdergebiete nördlich von Niederehe

35 Wacholdervorkommen gibt es in Rheinland-Pfalz, 31 davon in der Eifel. Besonders hier am Hönselberg finden Sie viele seltene und zum Teil auch gefährdete Tier- und Pflanzenarten. Sind Sie in der entsprechenden Jahreszeit unterwegs, so werden Ihnen zum Beispiel die vielen Schmetterlinge schon aufgefallen sein, wie etwa Schachbrett oder Grünwidderchen. Zu den vorkommenden Pflanzen zählen das Stattliche Knabenkraut oder die Küchenschelle. Sogar Zauneidechsen lassen sich mit ein wenig Glück beobachten.

Dem Wacholder wurde übrigens in der Volksheilkunde einst der Platz eines Universalheilmittels eingeräumt: So sollte er gegen allerlei Beschwerden wie etwa Gallenleiden und Rheuma helfen und als Teil des Bades sogar die Pest besiegen. Da scheint es kaum mehr verwunderlich, dass manche Menschen dem Wacholderschnaps eine heilende Wirkung zuschreiben.

Nach der Sinnesbank folgen Sie dem Weg weiter in den Wald hinein und genießen hier Stille und Schatten, bis Sie eine T-Kreuzung erreichen. Der Wanderweg „Genuss zu Fuß“, der Sie begleitete, biegt rechts ab. Sie halten sich links und folgen damit zum ersten Mal heute einem leicht abfallenden Weg.

An einer Wiese treten Sie wieder aus dem Wald heraus und folgen dem Weg weiter geradeaus nach unten, anstatt in den kleinen Waldweg einzubiegen, der nach rechts aufwärts führt. Passieren Sie stattdessen die alte verwitterte Bank rechts von Ihnen. Nach einer Weile (km 2,1) taucht links von Ihnen ein kleiner Weg auf, den Sie ebenfalls ignorieren. Sie wandern weiter geradeaus und bergab. Dort, wo die Wiese endet, stoßen Sie auf einen Radweg, dem Sie nach links und abermals abwärts folgen.

Die nächste Abzweigung begegnet Ihnen an einer freien Fläche; Sie folgen Ihrem Weg unbeirrt weiter geradeaus in Richtung Rechtskurve und **Heiligenhäuschen** mit ⛼ Sitzgelegenheit. Der Weg beschreibt nun eine leicht ansteigende Rechtskurve, der Sie folgen, und Sie passieren eine meist geöffnete Schranke. An der folgenden Kreuzung folgen Sie dem Radwegschild nach rechts in eine kleine Linkskurve. Freie Flächen liegen nun rechts von Ihnen.

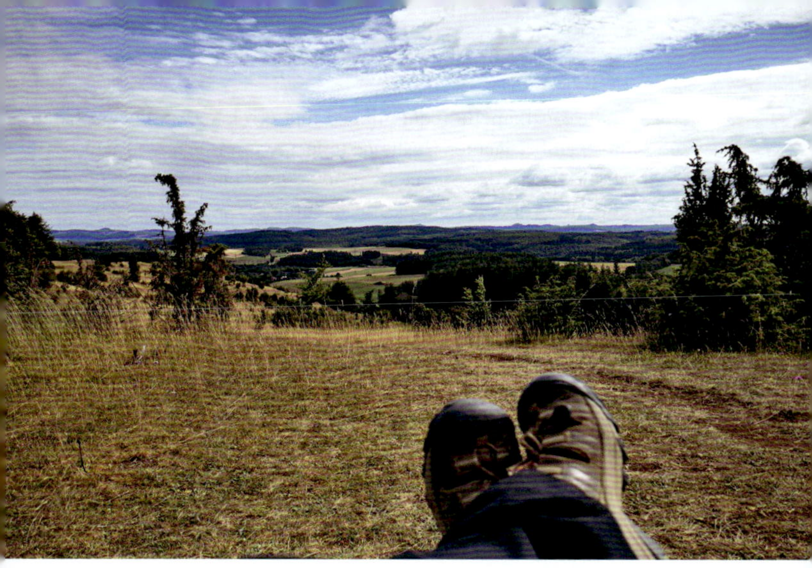

*Pause im Naturschutzgebiet*

Sie bewegen sich ein kurzes Stück auf die nahe L68 zu, biegen jedoch an einem Strommast und einer ⩩ Bank rechts ab in einen Feldweg. Nach gut 200 m treffen Sie auf den nächsten Waldrand mit ⩩ Bank und halten sich links, um in der Senke Richtung **Stroheich** zu verschwinden, aus der Sie natürlich auch wieder hinauslaufen.

An der ersten T-Kreuzung in Stroheich ✝ 🚌 angekommen biegen Sie rechts ab in die Gartenstraße und folgen dieser, bis Sie an der ✝ **Kapelle Stroheich ❶** (km 4,7) mit Glocke und Mahnmal ankommen (🚌 Bus 502 bringt Sie bei Bedarf (auch hier: selten am Tag!) von Stroheich nach Daun).

## ✝ Kapelle Stroheich

Besonders erwähnenswert sind die Ornamentmalereien mit Blumenranken und figürlichen Darstellungen an den Chorgewölben, die bei Renovierungsarbeiten Anfang der 50er-Jahre entdeckt wurden. Die Kapelle selbst stammt aus dem 15. bis 16. Jahrhundert. Sollte sie verschlossen sein, Sie aber auch den Barockaltar und die hübschen Maßwerkfenster näher bestaunen wollen, so können Sie laut Infoschild bei Herrn Bauer in der Gartenstraße 12 „vorsprechen“ (☏ 065 95/516).

Sie lassen die Dorfkapelle rechts liegen und erreichen an der nächsten Kreuzung mit überdachter Bushaltestelle sowie Brunnen und Bänken die Ahrstraße (L68), der Sie nach rechts folgen. Die nächste Kreuzung überqueren Sie; die Ahrstraße steigt nun leicht an.

Vorsichtig folgen Sie der L68 immer weiter, bis Sie auf die große Kreuzung mit der B421 treffen, die Sie ebenfalls vorsichtig überqueren.

Die Teerstraße, die sehr bald zum Schotterwanderweg wird, bringt Sie zu einem **Wasserwerk**. Sie wandern weiter geradeaus, nach oben in den Wald hinein, passieren eine Bank und ignorieren so lange sämtliche Abzweigungen, bis Sie auf eine Bank mit toller Fernsicht und auf eine Infotafel zum Thema „Naturschutz durch Nutzung“ treffen. Sie stehen **zwischen den Vulkankegeln Kahlenberg und Döhmberg ❷** (km 6,5).

Sie wandern weiter geradeaus auf den **Vulkankegel Döhmberg**, halb links von Ihnen liegend, zu. Diese Richtung behalten Sie auch an der nächsten Kreuzung mit Infotafel („Ein geologischer Rundblick“) bei. An der nächsten Gabelung halten Sie sich rechts und ignorieren den kleinen Weg nach links, um an der folgenden Gabelung den steinigen Hauptweg zugunsten des Wiesenweges, der geradeaus weiterführt, hinter sich zu lassen.

Nachdem Sie an einem Waldrand entlanggewandert sind, treffen Sie auf eine Teerstraße (km 7,4). Hier biegen Sie links ab. Sie folgen der zunächst abfallenden Teerstraße bis zu einer größeren Kreuzung, an der sie wieder zum Wanderweg wird, und gelangen über diesen immer weiter bergauf. Nach dem höchsten Punkt erblicken Sie bald zum ersten Mal Dockweiler (km 8,6).

An der folgenden Abzweigung können Sie einen Abstecher zur rechts von Ihnen liegenden **Bergkapelle** machen, von der aus die Aussicht auf Dockweiler noch hübscher ist.

Sie laufen an der Abbiegemöglichkeit geradeaus weiter, passieren die **Schutzhütte mit dem Franzosenkreuz** und folgen der Teerstraße weiter hinab, um diese dann an einem Wegweiserbaum nach rechts in Richtung **Campingplatz** zu verlassen.

Direkt vor dem Campingplatz folgen Sie dem Schotterweg wieder nach rechts, um bei nächster Gelegenheit nach links in die Teerstraße einzubiegen.

Sie laufen an der Rezeption des Dockweiler Campingplatzes und einem Teich vorbei ❸ (km 9,8), um auf die rote Schranke und den über Ihnen liegenden Ort zuzusteuern.

Sie passieren die Schranke und laufen weiter hoch in den Ort hinein – nun ist es ein wenig steiler. An der nächsten Kreuzung mit Laterne kurz vor dem Ort biegen Sie nach links ab in den Wiesenweg, wandern zwischen Häusern und Gärten hindurch, überqueren die Hauptstraße und halten sich kurz links, um dann sofort in den rechts von Ihnen liegenden Weg einzubiegen, der Sie bergauf bringt. Folgen Sie ihm bis zur nächsten Kreuzung.

Hier können Sie rechts in den Ortskern mit Bio-Bäckerei gelangen.

## Dockweiler

⇧ 535 m, 742 Ew.,

Noch im Laufe des Jahres 2021 soll in Dockweiler zudem eine Pension mit Eiscafé an der Dauner Straße 18 entstehen, sodass Sie diese Etappe wahrscheinlich bald aufteilen könnten, sollte sie Ihnen zu lang erscheinen. Aktuelle Infos zum Stand der Dinge erteilt stets gerne Stephan Linden unter der Rufnummer 01 77/497 63 71.

Campingplatz Dockweiler Mühle, 065 95/96 11 30,
info@campingpark-dockweiler-muehle.de,
http://campingpark-dockweiler-muehle.de,
Übernachtung mit Zwei-Mann-Zelt von € 10 bis € 14 pro Nacht, direkt am Weg

Café und Bistro Knusperhäuschen, Dauner Straße 1, 065 95/900 74 94,
knusperhaeuschen@brotkunst.de, brotkunst.de,
Mo-Sa 7:00-18:00, So 8:00-18:00, märchenhaftes Ambiente!

Bio-Bäckerei Johann Utters & Sohn, Hauptstraße 6, 065 95/920 60,
mehlbox@brotkunst.de, brotkunst.de, Mo-Fr 7:00-18:00, Sa 7:00-13:00, So geschlossen. Sollten Sie in der Bäckerei Utters Ihre Vorräte auffüllen, so lassen Sie sich gesagt sein: **Schüttelbrot** sieht zwar toll aus, aber ohne Suppe oder Milch, in die Sie es eintauchen könnten, werden Sie sich an ihm die Zähne ausbeißen.

Der Bus Nummer 500 bringt Sie regelmäßig nach Daun.

Vom 700 m hohen Ernstberg über den Eselsberg, der 637 m hoch ist, bis hin zum Nachbarort Dreis reicht der erkaltete Lavastrom, auf dem Dockweiler erbaut wurde. Im frühen 12. Jahrhundert wurde Dockweiler erstmals urkundlich erwähnt. Im 19. Jahrhundert wurde der Ort zur Postkutschenstation, bis die Postkutsche dann Ende des 19. Jahrhunderts von der Eisenbahn ersetzt wurde. Einst befand sich auch diese Ortschaft im Besitz des Herzogtums Arenberg. Heute gehört der Ort zur Verbandsgemeinde Daun. Die Kastanienbäume vor der ✞ Pfarrkirche St. Laurentius sind denkmalgeschützt.

### Felswald auf Rudder

Südlich des Ortes und beiderseits des Bahndammes befindet sich das Lavablockfeld von Dockweiler. Hier erkaltete einst der Lavastrom, auf dessen Rücken der Ort erbaut wurde, und brach in Brocken auseinander, wodurch dieses Feld entstand. Das Naturdenkmal Felswand auf Rudder ist noch heute zu bestaunen.

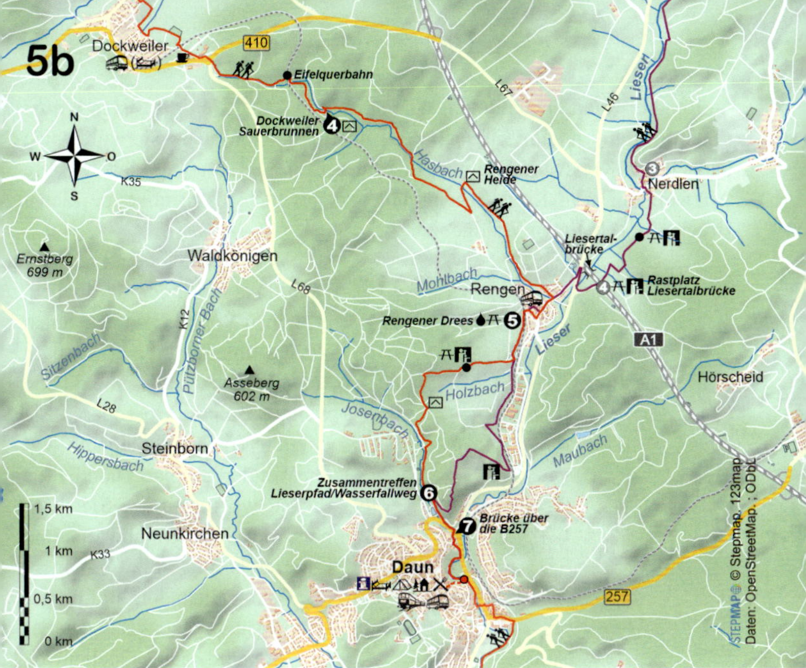


Laufen Sie auf dem Wasserfallweg weiter bis zur **Grundschule**. Am Ende des Schulgebäudes biegen Sie nach links auf den Wanderweg ab, um sich schon nach ein paar weiteren Metern rechts zu halten. Wandern Sie hinab bis zur kleinen Teerstraße und biegen Sie rechts ab in Richtung Hauptstraße. Dort angekommen halten Sie sich wieder links und folgen dem Steiner Weg, gemeinsam mit dem Radweg nach Rengen und Daun.

An der nächsten Kreuzung mit der Straße Unter Fels biegen Sie nach links ab auf den Feldweg und folgen diesem bis zur nächsten Gabelung, wo Sie sich rechts halten. Selbiges gilt für die zweite Gabelung und damit geht es nun knackig bergauf bis zum Sportplatz. Von hier aus haben Sie eine tolle Aussicht auf das unter und hinter Ihnen liegende Dockweiler.

Wandern Sie am Sportplatz, der links von Ihnen liegt, vorbei, um in eine Rechtskurve einzubiegen. Am folgenden Schilderbaum halten Sie sich scharf links in Richtung Daun und überqueren die Brücke. Sie folgen der Straße Vor der Dell bis zum großen **Kreisverkehr**.

Rechter Hand liegt auf dem Weg dorthin das **Café und Bistro Knusperhäuschen**, in dem Sie noch kurz Kraft tanken können. Sie halten sich danach am Kreisverkehr links, überqueren die B410 sowie eine weitere Abzweigung vom Kreisverkehr und verschwinden dann über die kleine Brücke im schattigen Waldgebiet.

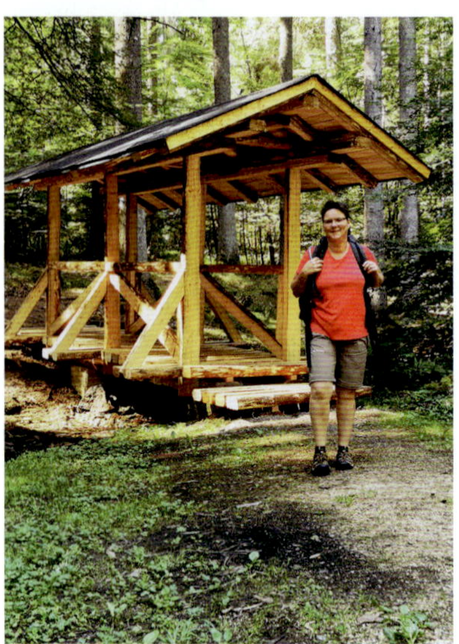

*Picknickplatz am Dockweiler Sauerbunnen*

Nachdem Sie einen Pfad, der nach links führt, ignoriert haben, erreichen Sie nach einer kleinen Rechts-links-Kombination bald eine Bank und eine kleine weitere Brücke. Überqueren Sie Letztere (rechts von Ihnen liegt ein Wanderparkplatz) und halten Sie sich sofort links. Sie wandern im Schatten abwärts und ignorieren alle Abzweigungen, bis Sie die ehemalige **Bahntrasse** unterquert haben. Danach biegen Sie mit dem Quellenweg rechts ab. Folgen Sie dem breiten Hauptweg, bis links von Ihnen ein schmaler Pfad auftaucht (km 13,3). Folgen Sie diesem abfallenden Pfad, der Sie zum **Dockweiler Sauerbrunnen** ❹ (km 13,4) bringt.

Vor der Schutzhütte biegen Sie links ab, wandern bergauf und halten sich, oben angekommen, scharf rechts. Folgen Sie dem breiten Waldweg immer geradeaus weiter, bis Sie an eine größere Gabelung gelangen, die einem kleinen Kreisverkehr ähnelt (km 14,7). Hier halten Sie sich rechts und an der nächsten T-Kreuzung links. Fernsichten begleiten Sie, bis Sie auf eine Kreuzung mit Bank treffen. Biegen Sie scharf links ab. Schon bald sehen Sie eine Brücke mit Steinmauern über den Hasbach, die Sie überqueren, um am wunderschön gestalteten Rastplatz mit der Schutzhütte Rengener Heide (km 16) zu pausieren.

### ❀ Rengener Heide

Heidelandschaften sind bei uns selten geworden – die vor Ihnen liegende Rengener Heide ist immerhin noch 5 ha groß. Sie gehört zum Naturschutzgebiet NATURA 2000. Für die Pflege sind seit den 80er-Jahren Verbände, Gemeinde und Naturschutzbehörden verantwortlich. Schmetterlinge, Heuschrecken und Vögel sind vor allem zu sehen. Pflanzen wie das Heidekraut und Borstgras, Teufelsabbiss oder auch Flügelginster sind hier beheimatet.

Weiter gehts, indem Sie vor der Schutzhütte rechts abbiegen und die **Rengener Heide** durchqueren, bis Sie auf eine Gabelung stoßen. Hier folgen Sie dem breiten Hauptweg nach rechts. Die nächste Kreuzung mit Brücke, ⩩ Bank und Christusfigur überqueren Sie und wandern weiter auf **Rengen** ✞ 💧 🚌 mit der weithin sichtbaren **Liesertalbrücke** der A1 zu.

## Rengen

⇧ 431 m, 440 Ew., ✞ 💧 🚌

Die Haltestelle „Dorfbackes“ liegt in der Mitte des Ortes. Hier verkehrt die Buslinie 520, mit der Sie nach Daun gelangen.

Rengen wurde erstmals im Jahr 1300 erwähnt, hatte 1563 jedoch erst 17 Einwohnerinnen und Einwohner. Die ✞ Kapelle St. Kunibert wurde 1670 zu Ehren der 14 Nothelfer errichtet und 1756 durch einen Neubau ersetzt.

Am 7. Juni 1835 war ein großes Unglück zu beklagen: Ein Feuer brach aus, das in nur eineinhalb Stunden 26 Häuser mit Stallungen und zwei Menschenleben forderte. Nur fünf Wohnhäuser blieben unbeschädigt. Der mutmaßliche Brandstifter Johann Gitzen verbrachte seinen Lebensabend im Gefängnis.

Seit 1970 ist Rengen ein Stadtteil Dauns. 1996 wurde das Dorf-Gemeinschaftshaus erbaut und 1998 eröffnet. Da allen in Rengen daran gelegen war, einen eigenen Saal für Feste, Aufführungen oder auch Beerdigungen im Dorf zu haben, hatten sie rund 2.000 Arbeitsstunden in Eigenleistung erbracht.

### Backes

Der Backes ist das örtliche Backhaus, von dem es in früheren Zeiten gleich drei Exemplare gegeben hat. Eines ist noch übrig. Alles zwei Jahre findet hier ein zur Tradition gewordenes Backfest statt.

Der Wanderweg wird am Ortsrand zur Teerstraße Nelkenweg, der Sie abwärts folgen. Sie ignorieren den Asternweg links und stoßen an der nächsten Kreuzung auf die Rengener Straße und zum ersten Mal auch auf den **Lieserpfad**. Folgen Sie der Rengener Straße nach rechts und damit bergauf.

Sie ignorieren alle Abzweigungen, während Sie eine Bushaltestelle passieren (dahinter verlässt Sie der Lieserpfad wieder nach rechts) und kurz vor einer Rechtskurve auf der rechten Seite einen schmalen, aufwärtsführenden Pfad mit Holzgeländer entdecken, auf den Sie abbiegen.

Der Wiesenweg wird bald zur Teerstraße, die schnell auf die Lupinenstraße trifft. Halten Sie sich links, unterqueren Sie die 2013 stillgelegte **Eifelquerbahn** mittels Unterführung und halten Sie sich nach der Linkskurve an der nächsten Gabelung rechts, nun wieder gemeinsam mit dem Lieserpfad. Sie laufen auf einen kleinen Platz mit dem 💧 ⛩ **Rengener Drees ❺** (km 18,2) zu. Rasten Sie, wenn Sie für die letzten Kilometer bis Daun Kräfte sammeln möchten.

### 💧 Rengener Drees

Im Jahr 1950 verpasste der Schreiner Nikolaus Leyer dieser kohlensäurehaltigen Quelle eine neue Einfassung aus Buchenholz. Für den Ort war sie nämlich seit jeher von großer Bedeutung. Pfingstmontag wurde sie gemeinsam gereinigt. Im Anschluss schüttete die Jugend des Dorfes etwas Salz hinzu, um den Geschmack des Wassers zu verbessern. Dann gingen Jungs und Mädels durch das Dorf, sammelten Eier und trafen sich anschließend in einer Gaststätte, um sie bei Musik und Tanz gemeinsam zu verspeisen. Die Frauen nutzten das Wasser gern zum Waffelbacken, da das Gebäck – offenbar durch den Natrongehalt des Wassers – gut aufging.

Dann geht es weiter geradeaus und bergauf und bald darauf in einen Wald hinein. Nach dem kurzen Waldstück biegen Sie links ab, treffen auf eine Teerstraße und entscheiden sich hier für den rechten Weg. An der ⛩ Bank ignorieren Sie den Weg nach rechts, um an der zweiten ⛩ Bank erneut in einem Waldgebiet zu verschwinden.

Sie wandern weiter geradeaus bis zur nächsten ⛩ Bank und an der folgenden Gabelung ebenfalls.

An der nächsten großen Kreuzung biegen Sie links ab, anstatt weiter geradeaus und damit bergauf zu wandern. An der folgenden Gabelung (km 20) ignorieren Sie den Weg, der rechts abbiegt, und halten auf eine weitere Kreuzung zu. Links von Ihnen befindet sich eine ⌂ Schutzhütte, Sie folgen jedoch dem breiten Waldweg, der abwärtsführt, nach rechts.

Eine ganze Weile folgen Sie dem schattigen Waldweg weiter in Richtung Daun und ignorieren einen Pfad, der sich am **Josenbach** von rechts zu Ihnen gesellt.

✋ An der nächsten Gabelung mit ⩫ Bank und Wegweisern ❻ (km 21,1) gesellt sich ein neues Schild zu Ihnen: Von rechts trifft der an der Lieserquelle in Boxberg beginnende Lieserpfad auf den Wasserfallweg. Seine Schilder begleiten Sie nun, gemeinsam mit den Wasserfallweg-Schildern, bis kurz vor den Dauner Ortskern. Halten Sie sich an dieser Gabelung rechts und folgen Sie damit dem Schild „Daun 1,5 km“.

Kurz darauf passieren Sie ein Regenrückhaltebecken, an dessen Ende eine Treppe hinablockt, der Sie aber nicht folgen – das Wasser riecht manchmal ohnehin nicht sehr gut.

Sie treffen auf die Straße Am Hunert, laufen weiter geradeaus abwärts und biegen am Ende rechts ab, um über eine Brücke die B257 ❼ (km 21,6) zu überqueren. Nun beschreibt die Straße erst eine Links- und dann eine kleine Rechtskurve, in welcher Sie gemeinsam mit einem Radweg nach links in eine Sackgasse einbiegen.

✋ Hier geht es kurz steil hinab.

Wenn es wieder eben ist, wird die Teerstraße wieder zum Wanderweg. Er beschreibt eine lang gezogene Rechtskurve; links von Ihnen liegt stets die **Lieser**. An der nächsten Kreuzung mit der links liegenden Brücke haben Sie zwei Möglichkeiten:

↳ Überqueren Sie die Brücke, können Sie noch einen kurzen Blick auf den 💧 **Hotzendrees** werfen. Diese Quelle wird, am Fuße der ♜ **Burg Daun** gelegen, auch Burgbrunnen genannt. Die Dauner nutzen sie rege und füllen das Wasser in Flaschen ab, um es zu trinken oder damit zu backen.

An dieser Kreuzung am Hotzendrees findet zudem ein Schilderwechsel statt, denn ab hier folgen Sie morgen ausschließlich den **Markierungen mit dem blauen „L“ auf grünem Grund**. Der Eifelverein verzichtet ab sofort auf die Wegmarkierungen mit dem dreifarbigen „E“. Denn der Wasserfallweg und auch der Zuweg des Lieserpfades nach Daun verlaufen hier nach rechts in den Ortskern von Daun hinein. (Die erste Etappe des Lieserpfades endet an dieser Kreuzung. Morgen geht es hier dann ausgeschlafen weiter.)

*Dauner Forum*

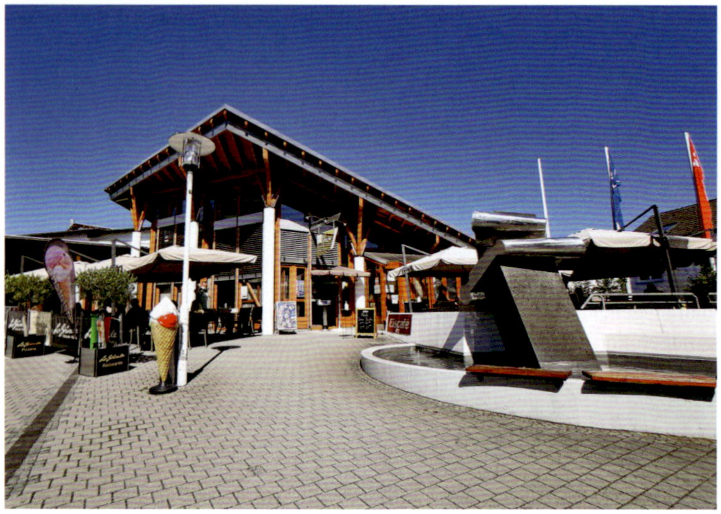


Laufen Sie in den Ortskern zum offiziellen Endpunkt des Wasserfallweges beziehungsweise folgen Sie dem rund 270 m langen Zuweg des Lieserpfades nach Daun, um hier zu übernachten, biegen Sie ein paar Meter später erneut rechts ab. Folgen Sie dem Fußweg durch das **Drängelgitter** hindurch nach oben. Hier wirds für ein kurzes Stück recht steil, sodass die Bank, die bald folgt, auch ohne Aussicht eine willkommene Rastmöglichkeit bietet.

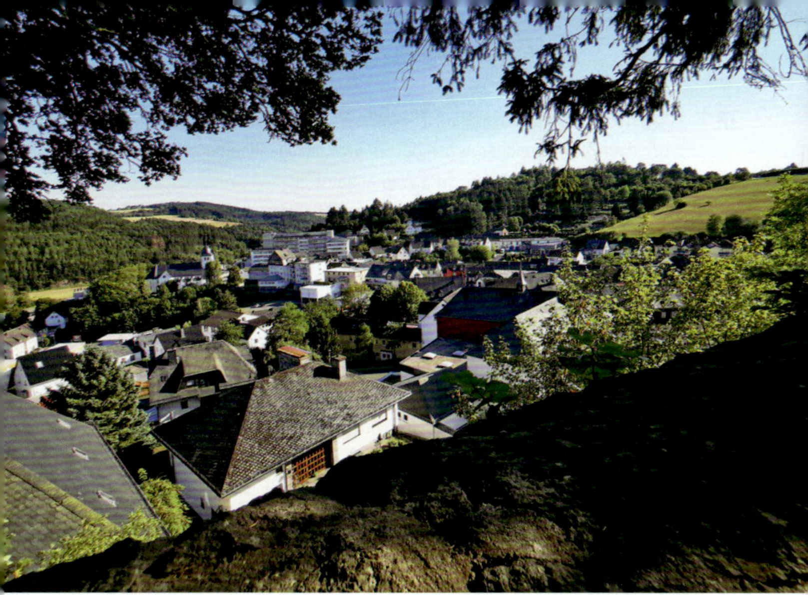

*Blick auf Daun*

Hinter der nächsten Linkskurve stehen Sie erneut vor einem Drängelgitter, nach dem Sie sich rechts halten. Nach nur wenigen weiteren Metern landen Sie vor einer **Apotheke**. Rechts von Ihnen liegt das Dauner Forum.

## Daun

⇧ 410 m, 8.010 Ew.,

Tourist-Information Daun, Leopoldstraße 5, ☏ 065 92/951 30, daun@gesundland-vulkaneifel.de, https://www.gesundland-vulkaneifel.de/info/tourist-informationen-team, April-Oktober Mo-Fr 9:00-17:00, Sa 9:30-14:00, So 10:00-13:00, November-März Mo-Fr 9:00-17:00, Sa 10:00-13:00

Beim Heines, Leopoldstraße 15, ☏ 065 92/98 20 90, buchung@beim-heines.de, beimheines.de, EZ ab € 65, DZ ab € 85, F € 10,50, freundliches Personal und gute Küche (herzhafte Pfännchen, leckere Schnitzel und Bratkartoffeln!), Kneipe und Terrasse Mo-So ab 12:00, Küche Mo-So 12:00-14:30 und 17:00-21:00, feiertags 12:00-21:00, gut 100 m vom Weg entfernt

Jugendherberge Daun, Maria-Hilf-Straße 21, ☏ 065 92/28 84, daun@diejugendherbergen.de, www.diejugendherbergen.de, ÜF ab € 37,50, circa 250 m vom Weg entfernt

Der RadBus 300 verkehrt regelmäßig zwischen Daun, Manderscheid, Großlittgen und Wittlich. Der RadBus 500 pendelt mehrmals täglich zwischen den Touristenorten Cochem an der Mosel und Gerolstein in der Eifel und fährt dabei über Daun. Die Linie 520 fährt mehrmals täglich nach Boxberg (Start des Lieserpfades).

Bereits im Jahr 700 scheinen sich keltische Stämme in Daun niedergelassen zu haben; die Burg Daun entstand um 1000. Die Kreisverwaltung des Landkreises Vulkaneifel ist heute in Daun ansässig.

Viel spannender für Touristinnen und Touristen ist jedoch die Tatsache, dass Daun umringt ist von drei Maaren und sich zudem noch „heilklimatischer Kur- und Kneippkurort“ nennen darf. Hier sprudeln sogar Mineralquellen.

*Dauner Viadukt*

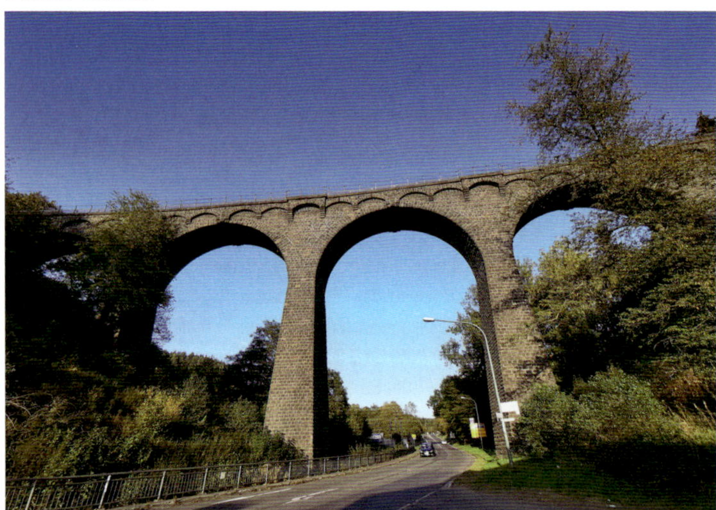

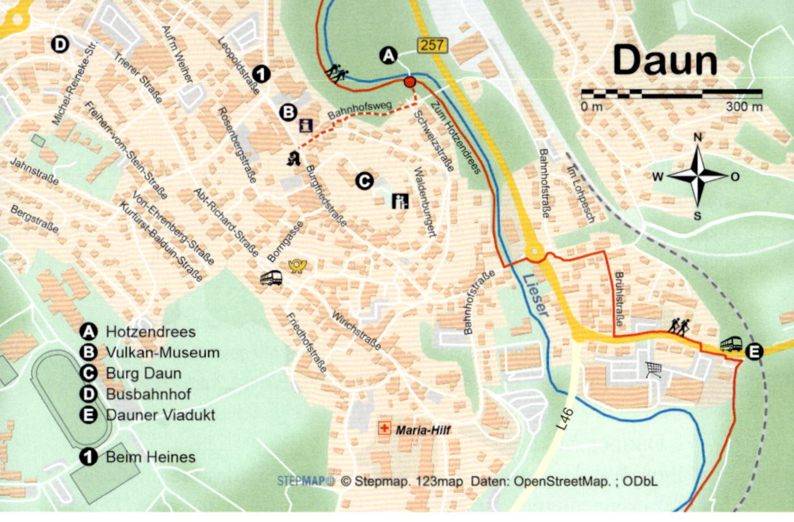


Die Laurentiuskirmes zu Daun, die jedes Jahr fünf Tage lang im August begangen wird, gehört zu den größten Volksfesten der Eifel. Im Rahmen des Krimifestivals Tatort Eifel, das alle zwei Jahre ausgerichtet wird, wird der Deutsche Kurzkrimi-Preis verliehen.

In Daun wird außerdem der „Dauner Sprudel" produziert. Der Stadtkern ist geprägt von Tourismus, lädt zum Shoppen und Verweilen ein.

## Burg Daun

Die um das Jahr 1000 entstandene Burg Daun entwickelte sich bald zur Raubritterburg und wurde daraufhin teilweise zerstört. 1689 erfolgte der komplette Niedergang durch französische Truppen – wie bei so vielen Eifelburgen. Burg Daun steht auf dem Basaltgestein eines erloschenen Vulkans.

Erhalten geblieben sind nur noch eine Ringmauer und ein Basteitürmchen mit Schießscharten, von wo aus Sie jedoch einen hübschen Blick auf den Ort genießen können.

Das einstige Jagdschloss des Kurfürsten Karl III. Joseph von Lothringen beherbergt heute ein Hotel.

ganzjährig zugänglich

## ⌘ Vulkan-Eifelmuseum

Lust auf eine interaktive Reise in die Welt des Vulkanismus? Dann haben Sie hoffentlich noch genug Kraft, das Vulkan-Eifelmuseum zu besuchen und hier mittels Pedal rotes Magma in einen Vulkan zu pumpen und diesem beim „Ausbruch" zuzuschauen. Raffinierte Modelle erlauben eine spannende Reise durch die Zeit und bringen Ihnen näher, wie die Eifeler Vulkanlandschaft entstanden ist.

♦ Leopoldstraße 9, ☏ 065 92/98 53 53, 💻 https://www.vulkaneifel.de/vulkaneifel-entdecken/kultur-freizeit/eifel-vulkanmuseum.html, Mo geschlossen, Di-Fr 11:00-16:30, Sa/So/feiertags 11:00-16:30, Eintritt € 3 pro Person

## Dauner Maare

Auf Ihrer Wanderung durch die Eifel werden Sie das Gemündener Maar bei Daun kennenlernen. Es weist eine Tiefe von 38 m und einen Durchmesser von 325 m auf. Es gibt ein Naturfreibad, eine Liegewiese und einen Bootsverleih von April bis Oktober. Im Sommer findet hier das Event „Klassik auf dem Vulkan" statt.

*Kräutergarten im Kurpark Daun*

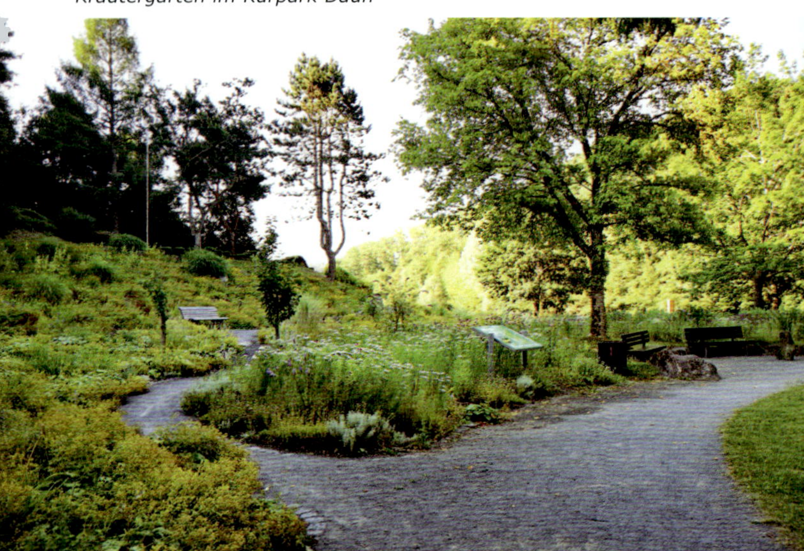

Weitere Dauner Maare sind das Totenmaar rund 4 km südöstlich von Daun (Durchmesser: 525 m, Schwimmen verboten) und das Schalkenmehrener Maar, etwa 5 km südöstlich von Daun gelegen. Letzteres hat einen Durchmesser von 575 m und hier sind Angeln, Schwimmen, Bootfahren und Surfen erlaubt.

ganzjährig zugänglich

## Kurpark Daun

Den Dauner Kurpark, erst im Jahr 2017 nach umfangreicher Neugestaltung wiedereröffnet, werden Sie auf dem Wasserfallweg beziehungsweise dem Lieserpfad durchwandern. Waldsofas, ein Kräutergarten, der hübsche See oder auch ein Spielplatz (auch für große Spielkinder sehr gut geeignet …) laden zum Verweilen ein.

ganzjährig geöffnet

## ☺ Das Eifeler Kartenspiel 7 Schriem (auch Siebenschräm genannt)

Toller Tipp für „Spielkinder“: Das Kartenspiel 7 Schriem ist in der Eifeler Wirtshauskultur fest verankert. Da es jedoch zahlreiche Spielvarianten gibt, lassen Sie es sich bei Interesse am besten von Einheimischen vor Ort erklären. Aber warum ausgerechnet in Daun? Das hat einen historischen Grund: Am Ende des 19. und Anfang des 20. Jahrhunderts war es üblich, dass Arbeiter ihren Lohn am Freitagnachmittag ausgezahlt bekamen – und zwar bar. Da viele von ihnen die Kohle nutzten, um sie in Kneipen sofort wieder bei einigen Partien „7 Schriem“ zu verzocken, taten sich ein paar Damen aus einer Stadt des Landkreises Daun zusammen, um sich beim Bürgermeister (damals auch als Ordnungspolizei unterwegs) darüber zu beschweren. Glücksspiel war verboten, weshalb sich ein Gastwirt eine entsprechende Anzeige einhandelte. Ein Gericht in Trier wollte vor Ort in Erfahrung bringen, ob 7 Schriem nun als Glücksspiel anzusehen sei oder nicht. Der angeklagte Wirt und vier Zeugen legten los – und die Obrigkeit schaute begeistert zu. Man sprach den Wirt anschließend frei, denn man kam überein, dass 7 Schriem nicht mit Glück, sondern mit kunstfertigem Spiel zu tun habe.

In Ulmen wird seit 1982 jedes Jahr die 7-Schriem-Rheinland-Meisterschaft ausgespielt.

# Zusatzetappe Lieserpfad: Boxberg (Lieserquelle) – Daun

*15,1 km, 5 Std., 175 m, 350 m, 392-575 m*

| | | |
|---|---|---|
| 0,0 km | 568 m | Lieserquelle |
| 2,9 km | 510 m | Bank Blick auf Beinhausen |
| 3,5 km | 495 m | Ortsrand Neichen |
| 4,9 km | 459 m | Alte Eiche bei Neichen |
| 7,2 km | 444 m | Dorfrand Nerdlen |
| 8,9 km | 438 m | Rastplatz Liesertalbrücke |
| 10,4 km | 420 m | Rengener Drees |
| 13,9 km | 425 m | Zusammentreffen Lieserpfad/Wasserfallweg |
| 14,4 km | 403 m | Brücke über die B257 |
| 15,1 km | 392 m | Abzweig Daun |

*Wollen Sie auch in den Genuss der offiziellen ersten Etappe des Lieserpfades (ehemaliger Lieserquellpfad) – von der Lieserquelle in Boxberg bis Daun – kommen, so können Sie zum Beispiel zwei Nächte in Daun übernachten und eine kleine, aber sehr idyllische Zusatzetappe von rund 15 km einlegen. Die Etappe verläuft relativ flach, aber sie hält dennoch so einige Highlights für Sie bereit. Sie genießen sehr viel Ruhe, lernen einen weiteren Sauerbrunnen kennen, eine über 460 Jahre alte Eiche und einen etwas anderen Rastplatz unter einer Autobahnbrücke.*

*Nehmen Sie genug Verpflegung mit, denn eine Einkehrmöglichkeit gibt es auf dieser Etappe nicht. Übernachten könnten Sie nach gut 5 km in Neichen.*

*Anfahrt: Aus Daun kommend steigen Sie am Dauner Busbahnhof am Michel-Reineke-Platz in den Bus mit der Nummer 520, der mehrmals täglich nach Boxberg fährt (Dauer: rund 24 Minuten). Reisen Sie mit dem Auto an, so können Sie dieses auf dem Wanderparkplatz in der Nähe der Lieserquelle oder am Gemeindehaus Boxberg abstellen.*

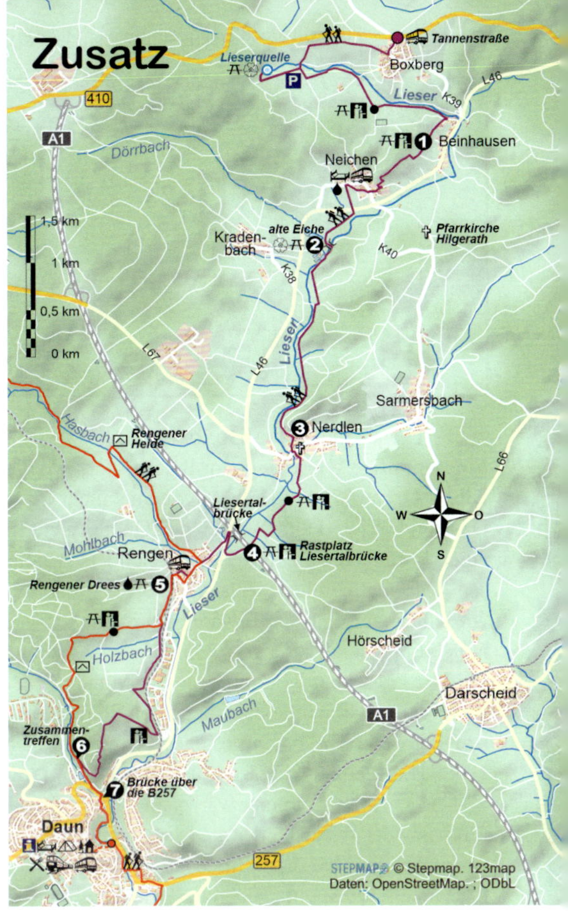


Von der Boxberger Bushaltestelle „Tannenstraße“ aus liegen zunächst gut 2 km bis zur Lieserquelle vor Ihnen.

Folgen Sie der Hauptstraße rechts hinunter in den Ort, bis Sie an ein kleines Häuschen mit Briefkasten gelangen. Sie biegen rechts ab in den Brücker Weg und folgen damit dem Schild „Lieserquelle“ (blaues „L“ auf weißem Grund).

Sie wandern auch nach den letzten Häusern immer geradeaus weiter, freuen sich über schöne Aussichten auf Felder und Koppeln links von Ihnen, bis Sie an ein Bushäuschen gelangen, das rechts von Ihnen liegt. Dort biegen Sie links ab in die Teerstraße. Ignorieren Sie etwaige Abzweigungen, bis Sie an der nächsten Kreuzung mit dem Hinweisschild „Lieserquelle“ stehen („600 m bis zur Quelle“). Sie biegen rechts ab und wandern leicht aufwärts, bis ein weiteres Schild Ihnen verrät, dass sich rechts von Ihnen die Lieserquelle befindet. Hier befinden sich außerdem noch Sinnesbänke und Picknicktische.

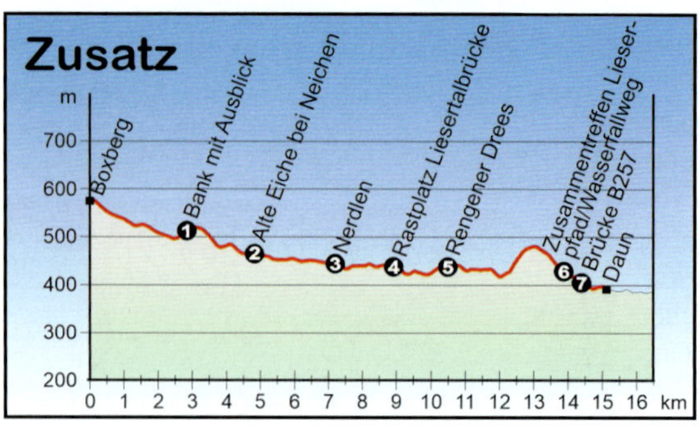


## Lieserquelle bei Boxberg

Eine sumpfige Wiese liegt vor Ihnen – dort, wo die Lieser entspringt. Aber: Dieser Ort auf 550 m Höhe ist weitaus mehr als nur eine sumpfige Wiese. Das rund 11° C kalte Wasser der Quelle bietet den Tieren und Pflanzen einen besonderen Lebensraum. Besonders Amphibien und Reptilien wissen den Quellbereich, der als Biotop und damit als Schutzbereich ausgewiesen ist, zu schätzen. Erwähnt wurde die Lieser wohl erstmals im 4. Jahrhundert n. Chr. als „Lesura" vom Dichter Ausonius. Von hier aus schlängelt sich der Fluss über 74 km bis hin zur Mündung in die Mosel bei Lieser.

Im Jahr 1940 wurde die Quelle von Soldaten der Luftwaffe mit dem kleinen Betonbau vor Ihnen gesichert, wovon noch heute die Inschrift „LVZ 1940" (Luftverteidigungszone 1940) über den Eingang zur Quelle zeugt.

Übrigens: Nicht immer war es an diesem Ort so friedlich wie heute! Der Flurname der Wiese, in der die Lieserquelle liegt, lautet „Im Büttelhof". Der uns geläufigere Ausdruck für „Büttel" heißt „Scharfrichter" – an dieser Stelle stand also einst ein Galgen, an dem Verurteilte ihr Leben aushauchten.

Nach dem Bestaunen der Lieserquelle beginnt für Sie nun der als Lieserpfad markierte Weg, der Sie nach Daun bringen wird. Dazu laufen Sie zurück zur Kreuzung mit Schild und Wanderparkplatz (circa 600 m). Hier an der Teerstraße biegen Sie rechts ab in Richtung Daun und danach sofort wieder links ab auf einen Schotterweg, garniert mit Gras und dem Duft der Kühe und Pferde, die den Weg links und rechts säumen. Sonnenblumen, Wiesen, weite Aussichten – bei schönem Wetter ist es hier herrlich.

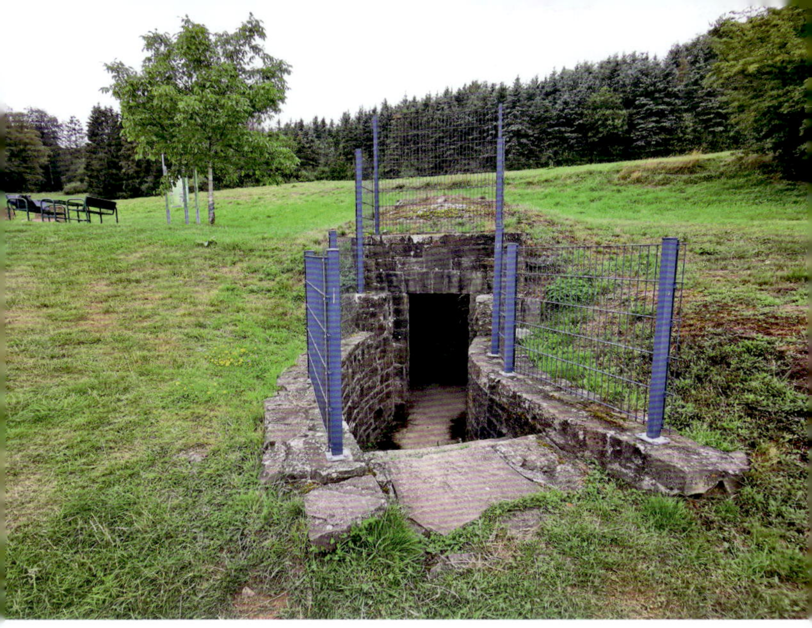

*Lieserquelle bei Boxberg*

Sie folgen dem Weg, bis Sie an eine ⩚ Sinnesbank mit schöner Aussicht auf Boxberg gelangen, vor der Sie links in einen Wiesenweg einbiegen. Vorbei an Maisfeldern und Weiden mit Kühen geht es durch ein kleines Tal, bis Sie hinter einem Haus auf eine Teerstraße treffen, der Sie nach rechts folgen, und damit auch dem Schild, das Ihnen mitteilt, dass zwischen Ihnen und Daun noch 13 km liegen. Nach ein paar Metern liegt vor Ihnen eine Gabelung, bestehend aus drei Wegen. Sie nehmen den mittleren Wiesenweg, der nach links führt. Rechter Hand liegen Bäume und Sie ignorieren alle Abzweigungen, wobei Sie auch eine ⩚ **hübsche Bank mit Blick auf Beinhausen ❶** (km 2,9) passieren. Die nächste Abzweigung nach links wird ebenfalls ignoriert, sodass der Weg Sie direkt danach rechts in Richtung Waldrand und kurz davor dann nach links führt.

Sie laufen nun immer am Waldrand entlang und ignorieren auch hier Abzweigungen. Sie passieren dabei übrigens noch eine schöne Rastmöglichkeit: eine ⩚ Bank mit solidem Tisch und Fernblick auf die ✞ **Pfarrkirche Hilgerath**.

Kurz danach beschreibt der Wanderweg (Pfade nach rechts und links werden erneut nicht beachtet) eine Linkskurve, um dann direkt in eine Rechtskurve überzugehen. Danach folgen Sie dem Wiesenpfad abwärts – die ersten Häuser des Dorfes **Neichen** sind bereits sichtbar.

Nach dem ersten Haus treffen Sie auf die Eichenbergstraße aus Teer und Schotter, der Sie nach links folgen, bis Sie nach ein paar Metern in Höhe der Hausnummer 5 auf die Kapellenstraße stoßen, der Sie nach rechts bis zur Kapelle folgen.

## Neichen ⇧ 480 m, 168 Ew.,

Pension Saxler, Hauptstraße 19, ☏ 026 92/12 07, pension-saxler@gmx.de, pension-saxler.de, ÜF DZ € 80, HP auf Anfrage möglich

Die Haltestelle „Gemeindehaus" liegt vor dem Bürgerhaus an der Hauptstraße mitten im Ort. Hier verkehrt die Buslinie 520, mit der Sie alle 2 Stunden nach Daun gelangen.

Laufen Sie geradeaus an der Kapelle vorbei und überqueren Sie die Hauptstraße (K40). Weiter gehts auf der Straße Im Backesgarten. An der nächsten Gabelung halten Sie sich rechts, um der Straße namens Zum Sauerbrunnen zu folgen. Das tun Sie so lange, bis Sie aus Neichen rauslaufen (was nicht allzu lang dauert). Sie stoßen bald erneut auf die Hauptstraße (K40) – ein paar Meter links von Ihnen befindet sich der als Schuldrees genutzte **Sauerbrunnen von Neichen**. Zeit zum Rasten, denn auch Bänke sind hier vorhanden.

### Sauerbrunnen Neichen

Die Firma Dauner Burgbrunnen erschloss diese Quelle des Neichener Drees im Jahr 1960, doch Bohrung und Verrohrung hatten nicht den gewünschten Erfolg: Man konnte keine Trinkwasserqualität erreichen. Das geschah erst im Jahr 1979, als der Brunnen durch die Gemeinde erneut der Öffentlichkeit zugänglich gemacht wurde. 2010 wurde er umfassend saniert und das Wasser kann heute auch getrunken werden. Da der Brunnen gegenüber der ehemaligen Volksschule steht, heißt er im Volksmund „Schuldrees".

Genug gerastet und erfrischt? Dann biegen Sie vor dem Brunnen links ab auf den Wiesenweg. Sie überqueren vorsichtig die Landstraße, wonach der Wiesenweg eine lang gezogene Rechtskurve beschreibt. Immer weiter geht es geradeaus über Felder und immer noch ohne nennenswerte Steigungen. Dort, wo das Bächlein rechts neben Ihnen eine Linkskurve macht, geht es auch für Sie in eine solche. An einer dicken Eiche mit Bank erreichen Sie eine Gabelung, der Sie nach links in Richtung Brücke folgen. Vorher jedoch nehmen Sie Platz unter der Krone des beeindruckenden Naturdenkmales **Alte Eiche bei Neichen ❷** (km 4,9).

## Alte Eiche bei Neichen

Die Alte Eiche an den Kradenbacher Fischteichen ist über 460 Jahre alt. Aber auch ihr Umfang, der bei uns Menschen ja eher nicht so sehr gefeiert wird, ist sagenhaft: 5 m misst er ungefähr. Die Höhe des Baumes beträgt rund 28 m. An dieser Stelle stand einst eine der vielen Liesermühlen, von der heute jedoch nichts mehr zu sehen ist.

Überqueren Sie die schon entdeckte Brücke über die Lieser. Danach gehts zunächst ein paar Stufen hoch und dann auf ebenem Waldweg rechts ab in Richtung Daun, das noch 10,4 km entfernt liegt.

Sie durchqueren einen kleinen Wald und ein weiteres traumhaftes Tal, in dem Sie mit Genuss den Blick in die Ferne schweifen lassen können. Am Ende geht es für Sie an einer T-Kreuzung mit Bank rechts weiter in Richtung der nächsten Brücke. Bevor Sie diese jedoch erreichen, biegen Sie links ab und folgen dem Hauptweg immer weiter, sämtliche Abzweigungen ignorierend, die in Wälder hineinführen oder Sie zur nächsten Brücke bringen wollen. Nach vielen Bekanntschaften mit Pferden, Schafen, Bullen und Kühen gelangen Sie an den Rand der Ortsgemeinde **Nerdlen ✝ ❸** (km 7,2). Hier laufen Sie auf der Straße Am Berg geradeaus in den Ort hinein, der lediglich einige Ferienwohnungen bereithält, jedoch keine Gastronomie. An der T-Kreuzung geht es für Sie rechts weiter und damit immer noch auf der Straße Am Berg.

Sie passieren einen Spielplatz. Sie stoßen auf die L67, überqueren sie vorsichtig und wenden sich nach links. Links von Ihnen steht das Backhaus mit Picknicktisch und zwei Bänken.

Wenige Schritte später geht es für Sie rechts ab in die Straße An der Hohl. Überqueren Sie die kleine Brücke und halten Sie auf die ✞ **Antoniuskapelle** in der Dorfmitte zu.

## ✞ Antoniuskapelle

Die ersten schriftlichen Zeugnisse der Kapelle stammen aus dem Jahr 1683. Im Jahr 1744 gab es einen neuen Anstrich, im Jahr 1864 eine neue Glocke. Allerdings brannten Kapelle und Dorf 1893 komplett nieder. Doch nur fünf Jahre später wurde der Neubau eingeweiht.

Eine Besonderheit betrifft die Kapellenglocke. Diese wurde nicht, wie in den Kriegsjahren üblich, eingeschmolzen, um als Kanonenfutter missbraucht zu werden. Jedoch wurde sie erst Ende der 1970er-Jahre im Rahmen eines Dorffestes mit einem elektrischen Geläut ausgestattet. Bis dahin war die Glocke manuell von Hand geläutet worden – und zwar morgens, mittags und abends. Dafür war jeweils eine Familie des Ortes ein Jahr lang zuständig. Die letzte Sanierung der Kapelle wurde 2012 vorgenommen.

Sie lassen die Kapelle hinter sich und folgen der Straße weiter. An der nächsten Gabelung geht es rechts ab und Sie wandern auf geteertem Untergrund weiter. Bald schon kommt rechts von Ihnen die imposante **Liesertalbrücke** in Sicht. Immer weiter geht es auf der Teerstraße, die Sie erst verlassen, wenn Sie an eine Gabelung mit Bank gelangen, die Ihnen einen hübschen Blick zurück auf Nerdlen erlaubt (circa km 8,2). Sie halten sich rechts und folgen damit einem Wanderweg, der dann in einer Linkskurve in den Wald hineinführt. Ignorieren Sie den nächsten Pfad, der rechts hinunterführt, und folgen Sie stattdessen der nächsten Linkskurve, die der Wanderweg beschreibt. Bei nächster Gelegenheit biegen Sie rechts ab Richtung Autobahnbrücke, um sich dann am Ende der Wiese erneut rechts zu halten. Ein Schild weist an dieser Stelle in Richtung Rengen (Entfernung: 1,4 km).

Auch der nächsten Linkskurve des Wiesenweges in Richtung Brücke, die stets sichtbar ist, folgen Sie. Einige Meter weiter können Sie an einem besonderen Ort verschnaufen – und zwar direkt unter dem mächtigen Bauwerk auf dem **Rastplatz Liesertalbrücke ❹** (km 8,9), unter welcher Sinnesbänke und Tische auf Sie warten.

## Liesertalbrücke

Drei Jahre hat es gedauert, die Liesertalbrücke zu bauen, die 55 m hoch, 30 m breit und 602 m lang ist. Sie wiegt circa 75.000 Tonnen und kostete rund 19 Millionen Euro. Ein Schild verrät Ihnen ausführlich, welche Bauarbeiten durchgeführt wurden.

Im Zuge des Autobahnbrückenbaus fanden zum Ausgleich Renaturierungsmaßnahmen der Lieser zur „Heilung der Wunden" statt, wie Sie einem weiteren Schild entnehmen können.

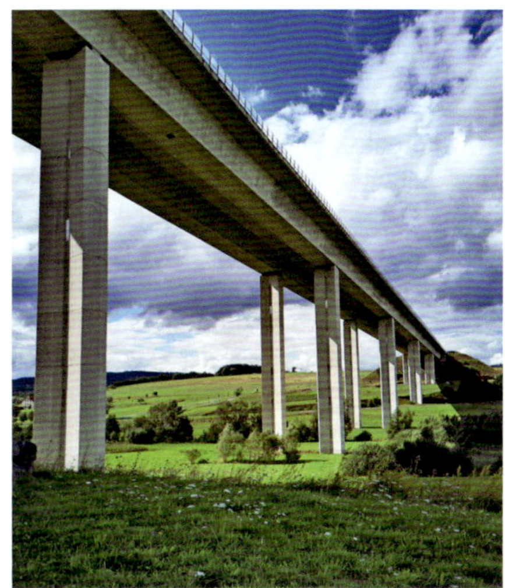

*Liesertalbrücke*

Nachdem Sie sich erholt haben, geht es weiter abwärts. Dazu halten Sie sich an der T-Kreuzung unter der Brücke rechts und folgen der geteerten Straße. Vor dem **Kreisverkehr** biegen Sie erneut rechts ab in Richtung der Unterführung mit der Lieser, die an dieser Stelle einem kleinen Bach gleicht. Entweder überspringen Sie diesen oder Sie überqueren die Unterführung mithilfe der Treppen.

☝ Auf keinen Fall unterqueren Sie die L46; das brächte Sie nicht zum Ziel.

Wandern Sie parallel zur L46 weiter, bis Sie Gefahr laufen, die Liesertalbrücke ein weiteres Mal zu unterqueren. Kurz vorher treffen Sie auf eine asphaltierte Straße und die L46. Wenden Sie sich nach links, überqueren Sie ☝ vorsichtig die L46 und wandern Sie auf dem Schotterweg nach links weiter Richtung Rengen. Am **Heiligenhäuschen** folgen Sie der Teerstraße weiter in Richtung Ortsschild, anstatt abzubiegen.

Sie durchqueren **Rengen** ✞ ♦ 🚌 (Infos zum Ort bei der ☞ 5. Etappe) und folgen der Rengener Straße so lange, bis Sie rechts den Geranienweg entdecken, dem Sie sich nun zuwenden. An der nächsten Möglichkeit biegen Sie links ab in die Lupinenstraße und folgen dieser bis zur kleinen Unterführung, nach der Sie sich erneut links halten. An der Gabelung wählen Sie den rechten Weg und stoßen kurz darauf auf den ♦ ⩩ **Rengener Drees ❺** (km 10,4) (☞ 5. Etappe).

Leicht bergauf und sich rechts haltend geht es für Sie ein kurzes Stück weiter mit dem Wasserfallweg, mit dem Sie im Waldstück verschwinden. Am Ende des Waldes wandern Sie am **Grüngutlagerplatz** links den Schotterweg hinab. An der nächsten Kreuzung mit ⩩ Bank nehmen Sie eine der beiden Teerstraßen nach rechts – und zwar (anders als auf dem Wasserfallweg) die zweite Teerstraße, die bergab führt. Den nächsten verwildert aussehenden Weg, der Sie nach rechts führen will, ignorieren Sie. Sie gelangen an eine Gabelung, an der Sie die Teerstraße verlassen und links abbiegen. Ihr Weg ist nun gleichzeitig eine Mountainbike-Strecke, also ✋ Obacht!

Bei nächster Gelegenheit (circa km 11,7) halten Sie sich links und bleiben somit auf der Mountainbike-Strecke. Sie laufen parallel zu den ehemaligen **Bahngleisen**, wobei die Umgebung trotzdem sehr idyllisch anmutet. Nach weiteren rund 600 m verlassen Sie den Asphalt und die Bahnstrecke, indem Sie nach rechts abbiegen und so einen kleinen Berg erklimmen, der die einzig nennenswerte Steigung heute darstellt. Bei km 12,6 stehen Sie oben und genießen einen ersten **hübschen Blick auf Boverath und Daun**.

Weiter gehts durch eine Senke. Sobald Sie auf den Waldrand vor Ihnen treffen, halten Sie sich links. Sie wandern am Waldrand entlang, bis Ihr nun abfallender Weg eine Linkskurve beschreibt und Sie daher in Höhe einer ⩩ Bank nach links im Wald verschwinden. Von einem kleinen Pfad, der Sie nach links auf die Wiese führen möchte, lassen Sie sich nicht vom Wege abbringen. Auch die asphaltierte Abzweigung nach rechts ignorieren Sie, ebenso etwaige weitere Abzweigungen – es geht für Sie auf dem Hauptweg abwärts, bis Sie an eine scharfe Linkskurve mit Bank und Wegweisern gelangen. Hier vereint sich Ihr Weg ein letztes Mal mit dem **Wasserfallweg ❻** (km 13,9, ⩩). Sie biegen mit ihm gemeinsam links ab. Folgen Sie ab hier der Beschreibung der 5. Etappe (ab km 21,1, S. 91). Sowohl die Wasserfallweg-Schilder als auch die Lieserpfad-Schilder sind ab sofort bis zum ♦ Hotzendrees Ihre Begleiter.

# 6. Etappe: Daun – Manderscheid

*18,2 km, 5 Std. 30 Min., 552 m, 582 m, 315-426 m*

| | | |
|---|---|---|
| 0,0 km | 391 m | Abzweig Zuweg Daun (Dauner Forum) |
| 2,4 km | 371 m | Kurparksee Daun |
| 3,5 km | 422 m | Gemündener Maar |
| 6,9 km | 353 m | Dress-Sauerbornquelle |
| 7,8 km | 347 m | Üdersdorfer Mühle |
| 8,0 km | 349 m | Haus Liesertal |
| 10,2 km | 356 m | Abzweig nach Tettscheid |
| 14,1 km | 316 m | Schutzhütte Blümesau |
| 15,4 km | 347 m | Hahnerflächhütte |
| 16,8 km | 323 m | Rulandhütte |
| 18,2 km | 362 m | Manderscheid (Kurpark) |

*Ab diesem Teilstück von Daun nach Manderscheid folgen Sie nun den Schildern des Lieserpfades – und es ist wohl einer der schönsten Abschnitte Ihrer Wanderung. Tolle Rastmöglichkeiten wie das Gemündener Maar mit Restaurant und Badestelle oder die Schutzhütte Blümesau an der Lieser erwarten Sie, aber auch die Fernsichten sind nicht zu verachten. Außerdem durchwandern Sie das ruhige Liesertal. Folgen Sie dann verwunschenen, schmalen Hangkantenpfaden bis hin nach Manderscheid, um sich dort vom Anblick der Ober- und der Niederburg begeistern zu lassen.*

*Einkehrmöglichkeiten gibt es unterwegs am Gemündener Maar mit dem neuen Restaurant KuliMaarik sowie in Tettscheid, wo Sie auch übernachten könnten. Eine weitere Übernachtungsmöglichkeit böte sich kurz zuvor im Liesertal an.*

An der Kreuzung mit dem links liegenden Hotzendrees wandern Sie geradeaus weiter in eine Rechtskurve hinein und spazieren an der Lieser entlang, bis Sie auf die Straße Zum Hotzendrees treffen. Sie folgen ihr ein paar Meter weit bis zur Bahnhofstraße. Überqueren Sie diese vorsichtig und wandern Sie weiter auf der Bahnhofstraße (Fußweg) nach links bis zum Kreisverkehr. Auf der Bahnhofstraße geht es für Sie weiter, indem Sie den Kreisverkehr überqueren und danach sofort rechts in die leicht aufwärtsführende Alte Darscheider Straße abbiegen, die bald eine Linkskurve beschreibt.

Schon an der nächsten Möglichkeit führt Sie der Lieserpfad nach rechts in die abfallende Brühlstraße. An deren Ende stoßen Sie auf die Mehrener Straße: Wenden Sie sich nach links.

Vorbei gehts jetzt an Supermärkten und einer Bäckerei, bis Sie nach wenigen Metern das **Dauner Viadukt** erblicken. Hierbei handelt es sich um eine ehemalige Eisenbahnbrücke der Bahnstrecke Wengerode–Daun, die heute zum Teil als **Maare-Mosel-Radweg** genutzt wird. Unmittelbar vor dem beeindruckenden Bauwerk und damit an einer Tankstelle biegen Sie rechts ab, halten sich am Ende der Tankstellengebäude links und landen so auf einem idyllischen Wanderpfad.

Weitere Abzweigungen links und rechts ignorieren Sie und wandern stattdessen auf ebenen Pfaden parallel zur Lieser weiter geradeaus und aus Daun heraus. An einer leicht aufwärtsführenden Rechtskurve erscheinen rechts von Ihnen Bolz- und Volleyballfelder. An der nächsten Kreuzung laufen Sie weiter geradeaus in die nächste Kurve hinein. Nach den Tennisplätzen treffen Sie auf eine Bank, an der Sie sich rechts halten und in Richtung Hauptstraße mit Brücke weiterwandern.

An der Hauptstraße biegen Sie an der Bushaltestelle (Bus 300 und 500) links ab. An dieser Stelle können Sie nach ein paar Metern direkt wieder links und bei nächster Gelegenheit rechts abbiegen, um nach 250 m zur Jugendherberge zu gelangen.

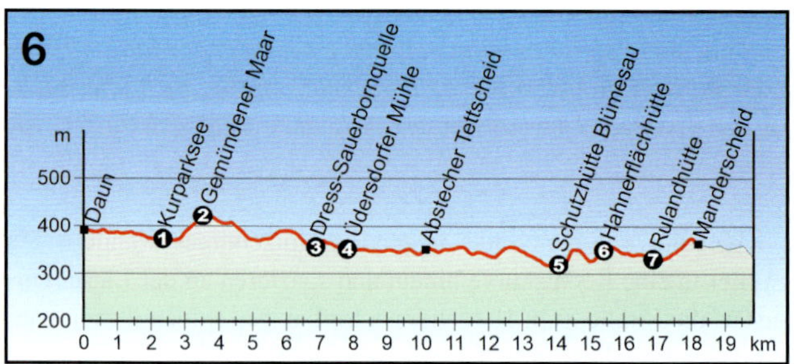

Wollen Sie das nicht, so überqueren Sie stattdessen sofort mittels Querungshilfe vorsichtig die viel befahrene Maria-Hilf-Straße (L46). Nehmen Sie die **Kurparkallee** vor Ihnen in Richtung Lieser. Der Schotterweg beschreibt eine lang gezogene Linkskurve und läuft parallel zur Lieser an Bänken vorbei und um eine Getränkefirma herum. Am Ende finden Sie sich am Anfang des **Kurparks** wieder. Wandern Sie nun links weiter in den hübschen Dauner Kurpark hinein.

An der ersten Gabelung halten Sie sich links, an der zweiten Gabelung rechts und wandern auf den See des Kurparks ❶ (km 2, ) zu. Vor dem See biegt der Lieserpfad links ab. Sie halten nun auf einen wunderschönen **Kräutergarten mit Schutzhütte** zu.

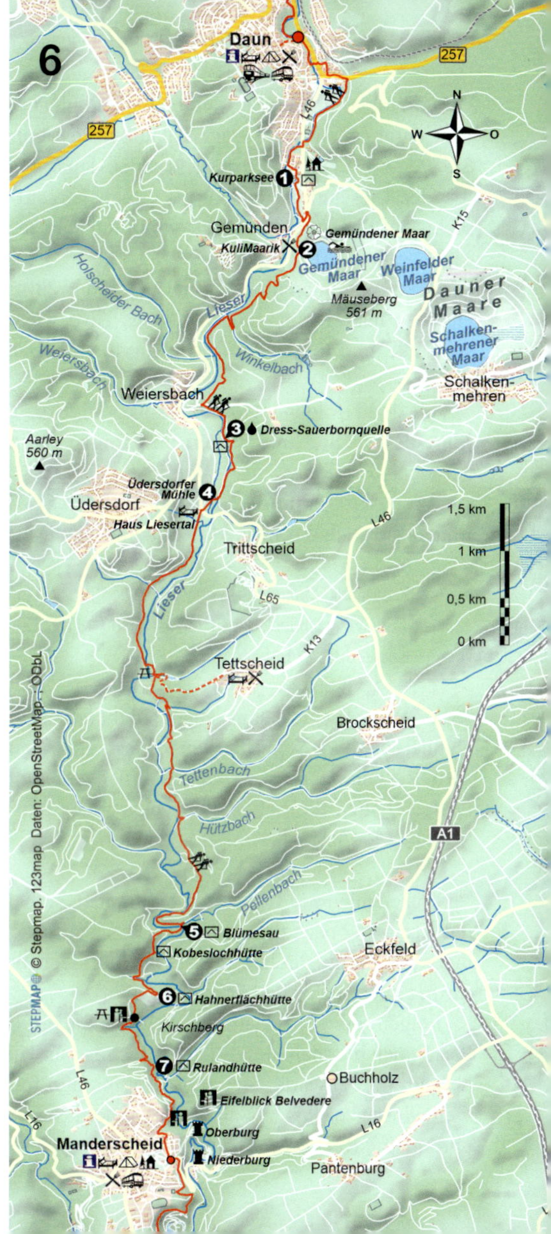

Kurz davor halten Sie sich rechts und biegen dann schnell links ab, um in Richtung Spielplatz weiterzulaufen. Passieren Sie diesen und wandern Sie weiter bis zum Ende des Kurparks, den Sie nach links verlassen, indem Sie der Lieserstraße ein kurzes Stück bergauf folgen. Biegen Sie nach rechts auf den schmalen und steilen Pfad ab, der Sie zur ✋ viel befahrenen Maarstraße führt.

Diese überqueren Sie mittels Querungshilfe, um sich dann auf dem Gehweg nach rechts zum Wirtshaus zu bewegen. Kurz davor halten Sie sich links und folgen der Rechtskurve, vorbei am Parkplatz des Wirtshauses.

Die bald folgende Mountainbike-Strecke, die links ab und bergauf führt, lassen Sie links liegen und folgen Ihrem Weg stattdessen weiter geradeaus.

Am ❀ ⩚ **Gemündener Maar ❷** (km 3,5) können Sie rasten, denn hier finden Sie auch das neue ✕ Restaurant KuliMaarik mit Biergarten.

✕ KuliMaarik, Maarstraße 7, ☎ 065 92/14 00, ✉ info@kulimaarik.de, 💻 www.kulimaarik.de, 🚪 Mo-Mi 10:00-18:00, Do-So 10:00-22:00, gutbürgerliche Küche aus der Region

↳ Wer möchte, kann sogar hinablaufen, um als Wasserratte im 🏊 Naturfreibad auf seine Kosten zu kommen. Dazu folgen Sie einfach vor dem Restaurant der Straße, die links von Ihnen hinabführt zum Maar. Danach halten Sie sich weiter rechts. Nach gut 400 m stehen Sie am Eingang des Freibades.

Entscheiden Sie sich fürs Weiterlaufen, so halten Sie sich an der nächsten Kreuzung nach dem Restaurant rechts in Richtung Manderscheid. Selbiges gilt für die direkt im Anschluss auftauchende Gabelung – hier geht es für Sie nach rechts und abwärts weiter.

Folgen Sie dem schattigen Weg, bis Sie auf eine weitere Gabelung stoßen – auch hier halten Sie sich rechts. In einer Kurve zweigt ein Weg rechts ab und führt abwärts; Sie ignorieren ihn und folgen weiterhin dem Hauptweg. An der nächsten Gabelung wandern Sie auf diesem ebenfalls weiter und in eine Rechtskurve hinein.

Die folgende Linkskurve hält eine Bank zum Verschnaufen bereit. Den verwildert aussehenden Pfad, der danach rechts bergab führt, bemerken Sie gar nicht, sondern folgen stattdessen der Linkskurve. Unmittelbar danach treffen Sie auf eine Gabelung: Halten Sie sich rechts.

Bald erscheint rechts von Ihnen ein kleiner Pfad (km 5,0), der Sie zu einer Brücke hinabführt. Nach der Brücke biegen Sie nach rechts ab und folgen dem Pfad, bis er nach wenigen Metern auf einen breiteren Weg trifft, an dem Sie sich rechts halten. In der nächsten Linkskurve mit Bank geht es für Sie links weiter, auch wenn die Brücke vor Ihnen, die über die Lieser führt, hübsch ausschaut.

Sie wandern nun weiter immer parallel zur Lieser und ignorieren auch die Abzweigung, die scharf links nach Schalkenmehren weist.

An zwei roten Bänken und einem Kreuz (km 6,3) biegen Sie nach rechts ab auf die Teerstraße, um ein paar Meter weiter scharf links in einen schmalen Wiesenweg einzubiegen und damit dem Schild „Lieserpfad Mand.-Üdersdorf" zu folgen.

Ein schmaler Hangkantenpfad führt Sie an der Lieser entlang bis zu einer kleinen Kreuzung, die Sie überqueren. Idyllisch am Ufer der Lieser gelegen treffen Sie bald auf die **Dress-Sauerbornquelle ❸** (km 6,9). Knapp 50 m geht es nun recht steil bergauf bis zur **Schutzhütte**, in der Sie nach Luft schnappen oder die Sie ignorieren können, weil Sie noch genug Puste haben, um die weiteren 50 m zu bezwingen, die bergauf zum breiten Wanderweg führen, an dem Sie sich rechts halten.

Von hier aus geht es recht eben weiter bis zur T-Kreuzung. Hier nehmen Sie den rechten Weg, der leicht abfällt. Folgen Sie ihm, die Lieser stets rechts von Ihnen, bis Sie auf eine rechter Hand liegende Brücke treffen, die Sie überqueren. Anschließend wenden Sie sich nach links und halten sich dann sofort wieder rechts: Sie passieren die idyllisch im Liesertal gelegene **Üdersdorfer Mühle ❹** (km 7,8), die leider nicht mehr zur Einkehr lockt. Daher nutzen Sie, die Mühle im Rücken, die kleine Teerstraße, um zur L65 zu gelangen. Sie überqueren diese wenig befahrene Straße und stehen vor der **Pension Haus Liesertal**.

Pension Haus Liesertal, 54552 Üdersdorf/Vulkaneifel, ☏ 065 96/315,
http://liesertal.lakoma.com, ÜF EZ ab € 40, ÜF DZ ab € 78, HP € 18

Sie wenden sich nach links, um nun das ruhige Liesertal zu durchwandern. Im Klartext: Sie lassen sich von keiner Abzweigung von diesem ebenen Pfad abbringen, bis Sie nach gut 2,1 km des Wanderns im Tal an einer Kreuzung mit einem Schild stehen, das in Richtung **Tettscheid** weist und an der Sie links eine kleine Brücke erblicken (km 10,0). Mittels dieser Brücke überqueren Sie die Lieser und wandern in den Wald hinein.

Unter den Bäumen angekommen folgen Sie dem kleinen Pfad, der eine leicht ansteigende Rechtskurve beschreibt. Kurz darauf stoßen Sie auf einen breiten Weg und biegen nach rechts ab in Richtung ⛼ Picknickplatz (km 10,1), an dem Sie sich links halten. An der unmittelbar folgenden Abzweigemöglichkeit biegen Sie auf dem Lieserpfad scharf rechts ab – es sei denn, Sie brauchen eine Pause an einem Waldsee oder gar in einem Gasthof.

### Abstecher nach Tettscheid

In letzterem Fall folgen Sie den beiden Schildern, die geradeaus weisen. Nach 100 m stoßen Sie auf den Waldsee. Vor diesem biegen Sie rechts ab und folgen dann lediglich dem breiten Weg, der leicht ansteigt, in Richtung **Tettscheid** 🛏 ✕ ✞. Sobald Sie aus dem Wald heraustreten, sehen Sie bereits die ersten Häuser des Ortes. Etwa 1 km nach den beiden Hinweisschildern (Waldsee/Tettscheid) erreichen Sie das 🛏 ✕ **Haus Sonnenschein**. In dieser sehr wandererfreundlichen Pension sind Sie bei dem lieben Gastgeberehepaar herzlich willkommen.

🛏 ✕ Haus Sonnenschein, Lieserweg 9, 54552 Tettscheid, ☎ 065 96/233, ✉ haus-sonnenschein-tettscheid@t-online.de, 💻 www.haus-sonnenschein-tettscheid.de, ÜF EZ € 45, DZ € 90, HP pro Tag und Person € 14, 🚪 Gaststätte Mo ab 18:00 und Di-So durchgehend ab 9:00 (Schnittchen, Suppe und andere Kleinigkeiten)

Wenn Sie nicht einkehren, sondern weiterwandern wollen, biegen Sie bei nächster Gelegenheit nach dem Picknickplatz rechts ab. Ignorieren Sie an der nächsten Gabelung den Weg nach links und wandern Sie weiter geradeaus und in eine Linkskurve hinein. An der nächsten Möglichkeit lassen Sie den Weg rechts Weg sein und laufen stattdessen ebenfalls geradeaus weiter in die Linkskurve hinein.

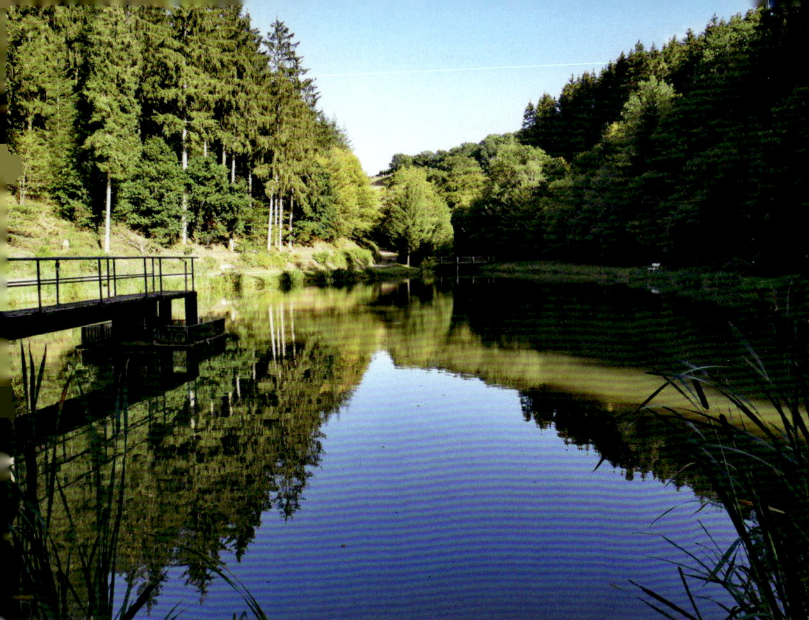

*Waldsee vor Tettscheid*

Nachdem Sie eine Bank mit **Blick in einen Talkessel** passiert und die nächste Abzweigung nach rechts ignoriert haben, gelangen Sie an eine Bank mit Wegweiser, auf dem „Lieserpfad Manderscheid" zu lesen ist. Hier biegen Sie scharf nach rechts ab und folgen nun einem kleinen Pfad, der direkt danach eine ebenfalls recht scharfe Linkskurve beschreibt.

Knapp 700 m nach der Bank mit dem Talkessel-Blick geht rechts von Ihnen ein Weg ab in Richtung „Lieserbrücke Üdersdorf", den Sie jedoch ignorieren. Biegen Sie stattdessen links ab und wandern Sie in die Linkskurve hinein – immer einen schmalen Hangkantenpfad entlang. Danach stoßen Sie direkt auf einen neuen Weg, dem Sie nach rechts und damit abwärts folgen.

Bei km 11,4 tauchen rechts von Ihnen Wiesen auf, während Sie auf der linken Seite ein idyllischer Wald „begleitet". An der nächsten Bank am **Tettenbach** halten Sie sich rechts; an der Kreuzung, die auf dem Fuße folgt, geht es für Sie geradeaus weiter Richtung Manderscheid. Laut Schild liegen noch gute 6,3 km vor Ihnen.

Nach einem kurzen, knackigen Stück bergauf geht es bald wieder eben weiter. An der nächsten Gabelung (6,1 km bis Manderscheid) folgen Sie dem Weg nach rechts und damit abwärts. Ebene und abfallende Wege wechseln sich fröhlich ab, bis Sie an eine Linkskurve mit ⊼ Bänken gelangen. Hier halten Sie sich links, überqueren dann rechts die Brücke, um sofort danach dem schmalen Pfad nach rechts zu folgen, der Sie aufwärtsführt. Oben angekommen gehts bei nächster Gelegenheit geradeaus weiter. Gemächlich wandern Sie aufwärts, bis Sie auf eine Gabelung treffen, an der Sie sich rechts halten und in eine Rechtskurve hinein hinabwandern (km 12,6).

Immer weiter folgen Sie dem schattigen Hauptweg durch den Wald, rechts unter Ihnen die Lieser, links von Ihnen immer mal wieder **imposantes Felsgestein**. Nach einer lang gezogenen Linkskurve folgen Sie dem Hauptweg weiter (der kleine Pfad nach rechts würde Sie nur auf eine Wiese führen). Bald schon taucht rechts von Ihnen einer der idyllischsten Pausenplätze des Weges auf: die ⌂ **Schutzhütte Blümesau ❺** (km 14,1).

*Gemütliche Rast in der Schutzhütte Blümesau*

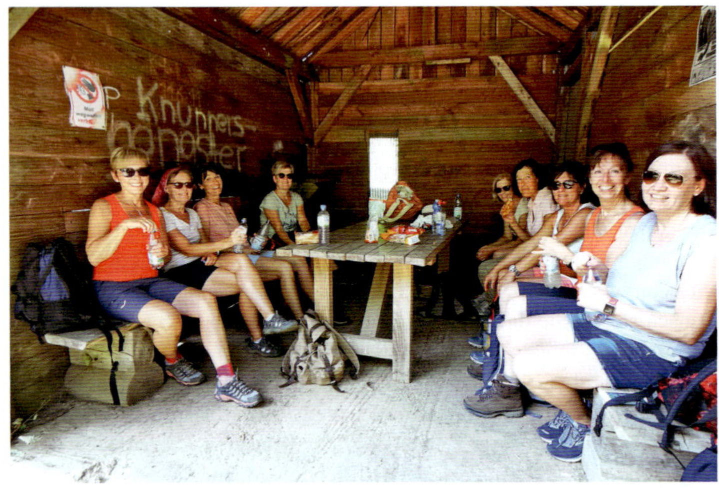

Hier befindet sich auch eine ⩫ Sinnesbank, auf der Sie (wenn Sie nicht gerade in der Lieser die Füße abkühlen wollen) gemütlich durchschnaufen können – bei Regen natürlich eher in der Hütte. Haben Sie sich losgerissen, folgen Sie dem Lieserpfad weiter, der Sie nun über die Brücke auf die andere Flussseite schickt.

Hinter der Brücke halten Sie sich rechts. Nach gut 100 m folgen Sie dem Weg, der bergauf führt. Der Pfad nach links würde Sie abermals nur auf eine Wiese bringen, die ja heute vermutlich nicht Ihr Tagesziel ist.

An der nächsten Gabelung biegen Sie vom breiten Hauptweg links ab auf den aufwärtsführenden, schmalen Pfad. Sobald es ebener wird, stoßen Sie wieder auf einen breiteren Weg, dem Sie geradeaus weiter folgen. Den scharf nach rechts abbiegenden Teil des Weges ignorieren Sie geflissentlich.

Sie gelangen kurz darauf zur ⌂ **Kobeslochhütte** (km 14,6).

☺ Halten Sie kurz inne – die Hütte bietet einen tollen Blick auf die Lieser.

Nach weiteren rund 350 m bleiben Sie auf dem Hauptweg, dem Sie in eine Linkskurve hinein folgen. Lassen Sie sich weder von dem verwilderten Pfad, der geradeaus führt, noch von dem Weg, der scharf links abzweigt und abwärtsführt, vom Hauptweg abbringen!

Bald treffen Sie auf eine offene Fläche; links sehen Sie nun ein Kreuz mit ⩫ Bank sowie eine Schutzhütte. Hierbei handelt es sich um die ⌂ **Hahnerflächhütte ❻** (km 15,4), an der Sie erneut eine Rast einlegen können, wenn Sie Zeit zum Bummeln haben, was die Autorin übrigens immer ausnutzt.

An der T-Kreuzung nach der Hütte halten Sie sich rechts und laufen so auf das offene Feld zu. Schon an der nächsten Gabelung biegen Sie dann wieder links ab in Richtung Manderscheid. An der schnell folgenden Gabelung halten Sie sich erneut links und folgen dem Hauptweg abwärts in den Wald hinein.

Bei km 15,9 erreichen Sie die erste ⩫ Bank des Tages, die Ihnen eine Aussicht auf eine der beiden **Manderscheider Burgen** bietet.

Damit Sie sich diese Burgen schon bald aus der Nähe anschauen können, nehmen Sie die Beine erneut in die Hand und erreichen nach weiteren 200 m abermals eine Bank. Danach geht es für Sie in eine Linkskurve, die bald zur leichten Rechtskurve wird. An der nächsten Gabelung halten Sie sich links und folgen dem kleinen Pfad in Richtung der nächsten Bank. Entweder laufen Sie das kurze Stück dorthin, um ein weiteres Mal eine Pause mit Aussicht zu genießen, oder Sie biegen vorher rechts ab, um dem kleinen Pfad zu folgen, der an einer Hangkante entlangführt. Nach gut 80 m entdecken Sie eine Brücke, die Sie überqueren und hinter der Sie sich nur links halten können. Ein paar Meter weiter biegt ein Weg scharf rechts ab in Richtung Meerfeld – diesen ignorieren Sie und wandern stattdessen geradeaus weiter in die Rechtskurve hinein. Nach nur gut 100 m stehen Sie an der **Rulandhütte** ❼ (km 16,8), einer ☺ imposant angelegten Schutzhütte mit erneut herrlicher Aussicht.

Genug gestaunt? Dann folgen Sie dem Hauptweg weiter. Auch den Weg, der scharf links abbiegt und in Richtung **Eifelblick Belvedere** weist, lassen Sie links liegen. Ebenso verfahren Sie mit einem kleinen Weg, der kurz darauf von rechts oben zu Ihnen stößt. Einige Meter weiter erhaschen Sie, wenn Sie den Kopf nach links wenden, zum ersten Mal einen Blick auf beide Burgen Manderscheids zugleich (km 17,4).

Eine schöne Aussicht jagt auf diesen letzten Metern bis zum Ort die nächste. An der zweiten Bank, die nach dem erstmaligen Blick auf beide Burgen folgt, halten Sie sich wieder links und übersehen einfach den schmalen Pfad, der rechts von Ihnen bergauf führt. Nach 17,7 km stehen Sie auf einem Parkplatz. Nach der folgenden Linkskurve führt Sie der Weg noch ein kurzes Stück bergauf in den Ort hinein und auf die ✞ **Kirche** zu. Vor den Treppen derselben halten Sie sich rechts und folgen damit weiterhin der nun gepflasterten **Klosterstraße**, bis Sie an der Kreuzung mit dem ehemaligen Rathaus stehen.

Sie überqueren die Kurfürstenstraße und folgen der Grafenstraße so lange bergab, bis Sie schließlich am hübschen **Kurpark Manderscheids** (km 18,2) angelangt sind. Links neben Ihnen liegt praktischerweise das Restaurant Trattoria Vulcano mit Biergarten und leckeren Speisen sowie rechts von Ihnen das Restaurant und Café Alte Molkerei. Guten Hunger!

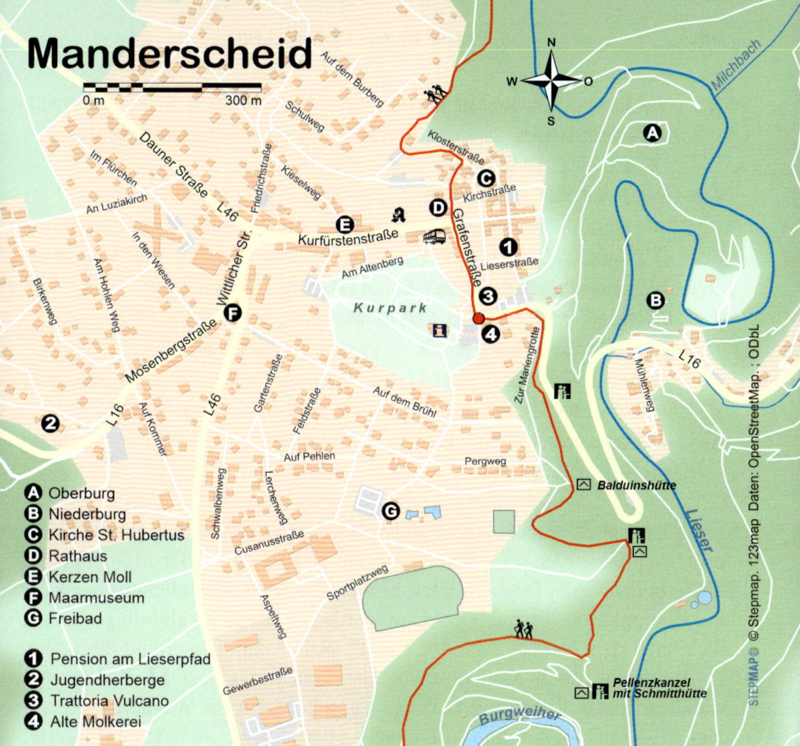


## Manderscheid

⇧ 388 m, 1.402 Ew.,

BANK

GesundLand Tourist-Information Manderscheid, Grafenstraße 21, 065 72/998 90 05, manderscheid@gesundland-vulkaneifel.de, https://www.gesundland-vulkaneifel.de/info/tourist-informationen-team, November-vor Ostern Mo-Fr 10:00-12:30 und 13:30-16:00, Ostern (einschließlich)-Oktober Mo-Fr 9:00-12:30 und 13:30-17:00, Sa 9:30-12:30, So 10:00-12:00, feiertags 10:00-12:00

Pension Am Lieserpfad, Lieserstraße 8-10, 01 70/237 53 11, info@pensionamlieserpfad.com, www.pensionamlieserpfad.com, ÜF EZ € 48, DZ € 78, € 6, mit Pensionsbar (nach Absprache 16:00-22:00), gut 50 m vom Weg entfernt

Vulkaneifel-Jugendherberge Manderscheid, Mosenbergstraße 17, ☏ 065 72/557, manderscheid@diejugendherbergen.de, www.diejugendherbergen.de, ÜF ab € 37,50, gut 900 m vom Weg entfernt

Restaurant und Café Alte Molkerei, Grafenstraße 25, ☏ 065 72/931 84 85, post@alte-molkerei-manderscheid.de, http://alte-molkerei-manderscheid.de, Di/Mi/Fr 12:00-20:00, Sa 12:00-21:00, So 12:00-17:00, Mo und Do Ruhetag, küchentechnisch gibts hier die Eifel und Polen unter einem Dach

Restaurant Trattoria Vulcano, Grafenstraße 18, ☏ 065 72/709 98 89, kontakt@trattoriavulcano.de, www.trattoriavulcano.de, Mo/Di/Do/Fr 11:30-21:30, Mi 17:00-21:30, Sa/So/feiertags 9:00-22:00, guter Italiener mit großem Biergarten und angemessenem Preis-Leistungs-Verhältnis

Ab Manderscheid fahren regelmäßig Busse nach Daun oder Wittlich, unter anderem der RadBus 300.

Manderscheid gehört zum Landkreis Bernkastel-Wittlich. Für mittelalterliches Flair sorgen seine beiden berühmten Burgen: die Oberburg und die Niederburg. Neben Daun ist auch Manderscheid ein heilklimatischer Kur- und Kneippkurort. Erstmals erwähnt wurde der Ort 973 – allerdings damals noch unter dem Namen „Mandreschreit“. Neben dem Lieserpfad führt auch der Eifelsteig durch Manderscheid, das zudem für den Wanderweg Manderscheider Rittersteig bekannt ist, der bereits in Wanderkarten aus dem 19. Jahrhundert auftaucht und neben der Niederburg beginnt. Er geriet jedoch eine Weile in Vergessenheit, wucherte zu und wurde erst 2016 wieder begehbar gemacht. Sollten Sie noch Kraft haben, so gönnen Sie sich diesen kleinen Rundgang, der Sie zu beiden Burgen des Ortes führt.

## Manderscheider Burgen

Durch die Lieser getrennt liegen sich in Manderscheid zwei Burgen gegenüber: die Nieder- und die Oberburg. Sie gehörten einst mitnichten zusammen: Die Herren von Manderscheid gehörten dem luxemburgischen Hoheitsgebiet an und regierten die Niederburg, während sich die Oberburg im Besitz des Kurfürsten von Trier befand. Heute gehören die Burgen der Gemeinde/Stadt Manderscheid. Auf diese Weise konnten sie der Öffentlichkeit zugänglich gemacht werden.

- Die Oberburg mit ihrem fünfstöckigen und begehbaren Bergfried kann jederzeit gratis erkundet werden.

♦ Die Niederburg, auf der jeweils im August ein riesiges Mittelalterfest frühere Zeiten wieder erlebbar macht, ist ganzjährig täglich 10:30-18:00 geöffnet. Der Eintritt kostet für Kids von 6-17 Jahren € 1,50 sowie € 3 für Erwachsene, Rentnerinnen und Rentner, Studierende und Auszubildende zahlen € 2, Menschen mit Handicap haben freien Eintritt und für Gruppen gibt es gesonderte Preise. Ein ✕ gastronomisches Angebot an mittelalterlichen Speisen ist ebenfalls vorhanden. Mehr Infos gibt es auf www.niederburg-manderscheid.de.

## ⌘ Maarmuseum

Man nennt sie die „Augen der Eifel" und ihnen ist in Manderscheid ein ganzes Museum gewidmet. Die Rede ist von den Maaren, die man im Maarmuseum sogar „begehen" kann. Kinder können an einem Quiz teilnehmen und so das Museum spielerisch erobern. Dabei stoßen sie unter anderem auf Fossilien und Urwaldinsekten. Zu den spannendsten Fossilien gehören das berühmte Eckfelder Urpferd sowie die älteste Honigbiene der Welt. Das Museum lädt zum Spielen, Ausprobieren und Entdecken ein.

♦ Wittlicher Straße 11, ☎ 065 72/92 03 10, www.maarmuseum.de, Di-So und feiertags 14:00-17:00, Mo Ruhetag, Preise: Kinder und Jugendliche zahlen € 2,30, Erwachsene € 3.

## ⌘ Kerzen Moll – Wachsmanufaktur und Erlebnis-Werkstatt

Kerzen Moll ist nicht nur ein einfacher Kerzen- und Geschenkeshop. Wer das Geschäft (natürlich gratis) betritt, hat zugleich die Möglichkeit, in die Welt des Wachslichtes und eines sehr alten Handwerkes einzutauchen. Überall stehen Tiegel und Töpfe; es duftet nach Wachs und Honig. Die Wachsmanufaktur Moll, die zu den wenigen noch verbliebenen Wachsziehermeisterbetrieben Deutschlands gehört, lädt ein zur Besichtigung der Erlebniswerkstatt. Schauen Sie den Profis dabei über die Schulter, wenn sie zum Beispiel die „Original Eifeler Lavasteinkerze" oder Blumen, Skulpturen und sogar Obst aus Wachs kreieren. Besonders hübsch: die „Tanzenden Engel". Sogar Workshops werden angeboten.

♦ Kurfürstenstraße 39, ☎ 065 72/21 80, mail@kerzenmoll.de, www.kerzenmoll.de, Mo-Fr 9:30-18:00, Sa 9:30-14:00 und nach Vereinbarung; kostenfreie Vorführungen Di und Do um 11:00, Werkstattbesichtigungen sind jederzeit möglich

# 7. Etappe: Manderscheid – Wittlich

*24,2 km, 8 Std., ↑ 684 m, ↓ 889 m, ⇧ 158-388 m*

| | | |
|---|---|---|
| 0,0 km | ⇧ 361 m | Manderscheid (Kurpark) BANK |
| 1,3 km | ⇧ 353 m | Robertskanzel |
| 3,1 km | ⇧ 309 m | Philosopheneck |
| 9,0 km | ⇧ 228 m | Biederburg-Brücke |
| 12,1 km | ⇧ 241 m | Abzweig nach Großlittgen BANK |
| 13,7 km | ⇧ 228 m | Schladter Brücke |
| 18,4 km | ⇧ 218 m | Abzweig zur Alten Pleiner Mühle |
| 22,2 km | ⇧ 171 m | Bastenmühle |
| 24,2 km | ⇧ 170 m | Wittlich (Lieserbrücke) B&B BANK |

*Heute wandern Sie am besten gut gestärkt los, denn Ihnen steht die längste Etappe bevor. Nachdem Sie Manderscheid mit seinen beiden Burgen hinter sich gelassen haben, verschwinden Sie im Wanderhimmel, denn auf mehr als 10 km hören und sehen Sie nichts von der Zivilisation. Dafür begegnen Sie immer wieder der Lieser, der Weg wird ein ums andere Mal gesäumt von schroffen Schiefersteilwänden und hübschen Hütten, die zur Rast einladen. Danach lernen Sie einige Mühlen kennen, von denen die Alte Pleiner Mühle eine tolle Verschnaufpause verspricht. Schließlich landen Sie in der malerischen Altstadt der Säubrennerstadt Wittlich.*

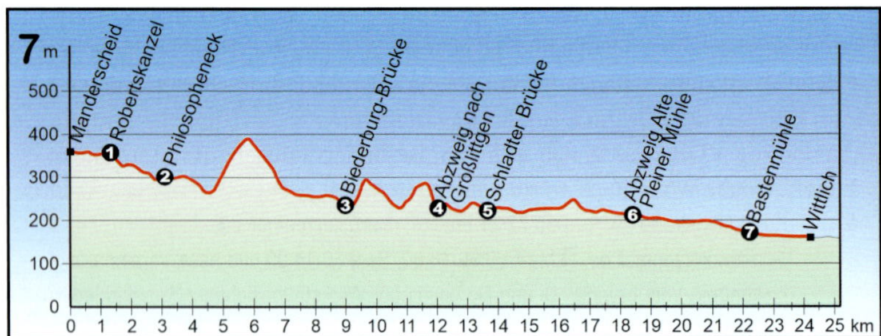

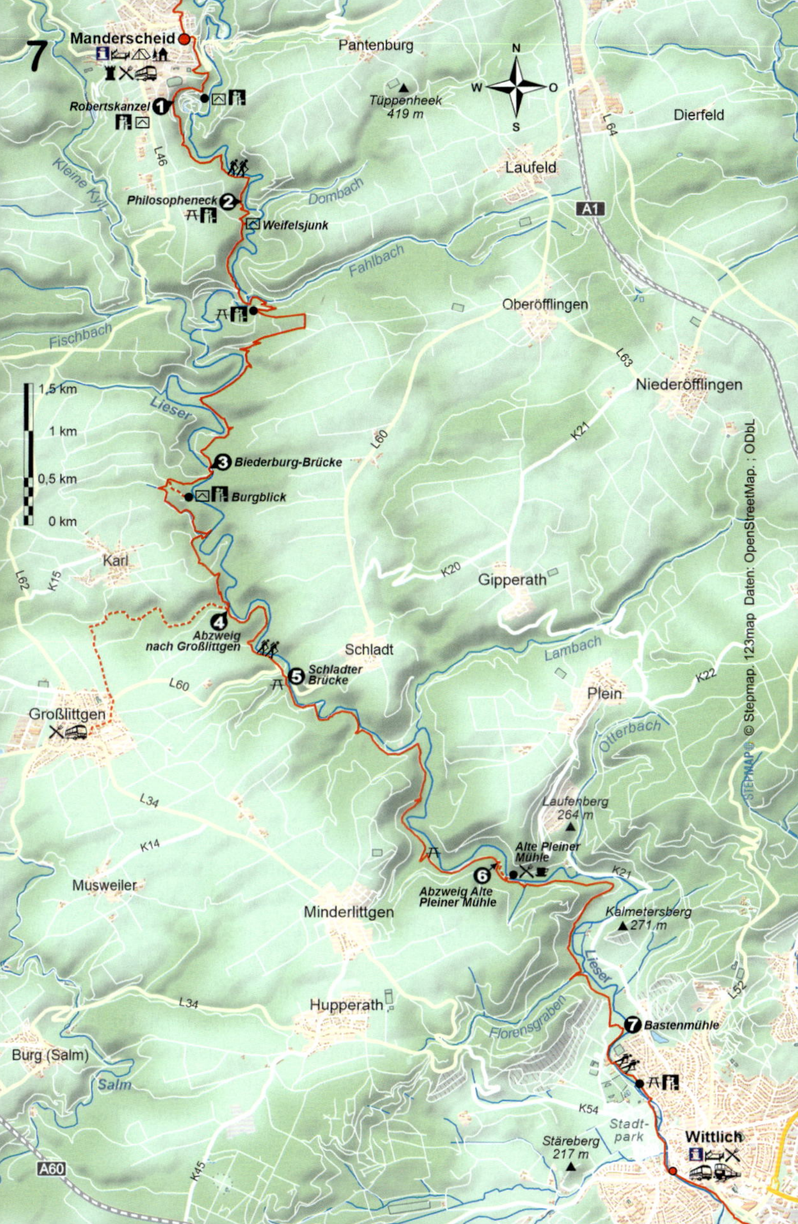

7
Manderscheid
Pantenburg
Tüppenheek 419 m
N
W
O
S
Robertskanzel
1
L46
Kleine Kyll
Dierfeld
L64
Laufeld
Philosopheneck
2
Dombach
Weifelsjunk
A1
Fahlbach
Oberöfflingen
Fischbach
L63
Niederöfflingen
1,5 km
1 km
0,5 km
0 km
Lieser
L60
K21
3
Biederburg-Brücke
Burgblick
Karl
L62
K15
K20
Gipperath
4
Abzweig nach Großlittgen
Schladt
Lambach
5
Schladter Brücke
L60
K22
Plein
Großlittgen
Otterbach
L34
Laufenberg 264 m
K14
Alte Pleiner Mühle
6
Abzweig Alte Pleiner Mühle
K21
Musweiler
Minderlittgen
Kalmetersberg 271 m
Lieser
L52
L34
Hupperath
Florensgraben
7
Bastenmühle
Burg (Salm)
Salm
K54
Stadtpark
Stäreberg 217 m
Wittlich
A60
K45
© Stepmap, 123map Daten: OpenStreetMap, ; ODbL

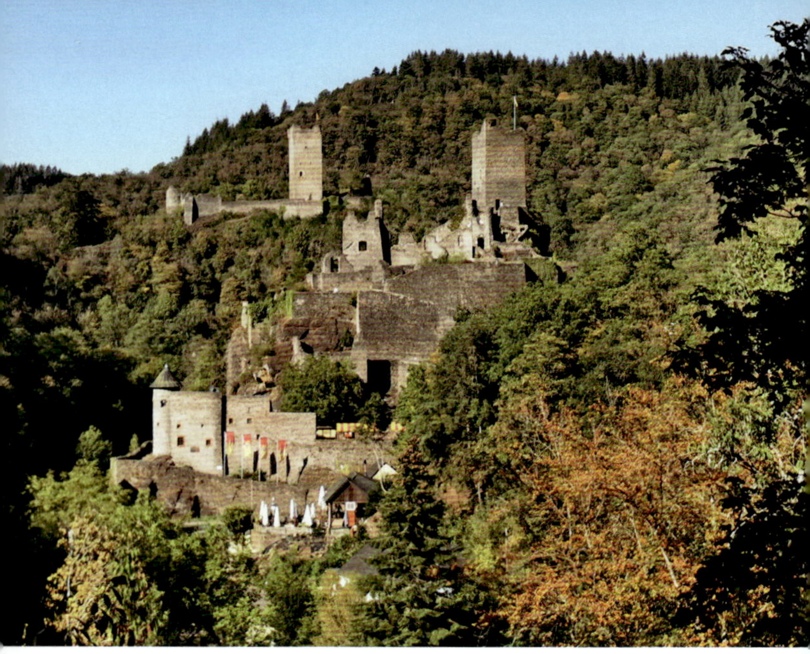

*Oberburg und Niederburg in Manderscheid*

☺ *Die Etappe kann durch einen Abstecher nach Großlittgen aufgeteilt werden (Bus zurück nach Manderscheid möglich), der ebenfalls beschrieben wird. In Großlittgen können Sie auch einkehren.*

Am Kurpark beschreibt die Grafenstraße eine Linkskurve, die Sie frischen Mutes nehmen. Sie folgen der Straße weiter und passieren einen linker Hand liegenden Parkplatz. Danach biegen Sie rechts ab auf die Straße Zur Mariengrotte und folgen damit dem Schild „Lieserpfad nach Wittlich".

Nach der schönen Aussicht auf die Oberburg verlassen Sie die Straße und entscheiden sich dafür, dem kleinen Pfad zu folgen. Dieser führt Sie zunächst zur ⌂ **Schutzhütte Balduinshütte**. Diese passieren Sie; der Lieserpfad führt gemeinsam mit dem Eifelsteig weiter geradeaus. Ab sofort bewegen Sie sich fernab der Zivilisation und können schmale Pfade, Ruhe und Aussichten genießen.

An der nächsten T-Kreuzung, die nicht lange auf sich warten lässt, geht es für Sie links ab. Sie gelangen an einen schönen Aussichtspunkt mit Bänken und Schutzhütte mit Blick auf beide Manderscheider Burgen. Wandern Sie daran vorbei und somit hinein in eine Rechtskurve. Anschließend gelangen Sie an eine Kreuzung, an der Sie den ersten schmalen Pfad nach rechts einschlagen.

Wer zuvor rasten möchte, der sollte sich den nur wenige Meter langen Abstecher nach links zur ausgeschilderten **Pellenzkanzel** mit **Schmitthütte** nicht nehmen lassen.

Und nur einige Augenblicke später folgt schon die nächste Rastmöglichkeit mit Aussicht auf den Manderscheider Burgweiher: die **Robertskanzel** ❶ (km 1,3).

Weiter gehts geradeaus auf dem immer noch schmalen Hangkantenpfad, der noch recht eben verläuft. Auch wenn Sie recht bald scharf links abbiegen könnten: Folgen Sie weiter dem schmalen Hauptweg auf der Höhe, der zum Teil durch Seile gesichert wird.

Ein wenig Trittsicherheit sollte hier schon vorhanden sein, auch wenn Sie kein Bergsteiger sein müssen.

Auch die nächste Abzweigung nach rechts in Richtung Kleine Kyll missachten Sie zugunsten des Hauptweges. An der Gabelung bei km 2,5 halten Sie sich links und wandern auf dem leicht abfallenden Weg in Richtung „Himmerod – Großlittgen“. Die Lieser plätschert unter Ihnen lustig vor sich hin. Sie dagegen haben nun erneut die Möglichkeit zu einer kurzen Rast – allerdings nur, wenn der Platz nicht besetzt sein sollte, denn das **Philosopheneck** ❷ (km 3,1, ), ein steil abfallender Felsvorsprung, bietet nur zwei Personen Platz.

Den Pfad, der bald scharf links nach Pantenburg abzweigt, ignorieren Sie und folgen stattdessen weiterhin dem idyllischen Hauptweg, bis Sie an die nächste Gabelung kommen. Hier biegen Sie links ab in Richtung **Schutzhütte Weifelsjunk**. An der Gabelung nach der Schutzhütte gehts für Sie links weiter in Richtung Großlittgen und zugleich abwärts.

Nun wird der schmale Lieserpfad zunächst etwas breiter und dann wieder schmaler, bis Sie auf die nächste Kreuzung treffen. Auch hier entscheiden Sie sich für den linken Weg Richtung Großlittgen. An der folgenden Gabelung mit Bank halten Sie sich ein weiteres Mal links und überqueren mittels einer Holzbrücke die lieb gewonnene Lieser.

An der nicht lange auf sich warten lassenden nächsten Gabelung geht es für Sie ausnahmsweise einmal rechts hoch. Erneut wandern Sie damit weiter in Richtung Großlittgen. Seit der Brücke führt Ihr Weg in Kurven stetig bergauf, mal mehr, mal weniger steil. Bald schon stoßen Sie wieder auf einen breiten Weg, biegen rechts und nur wenige Meter weiter an der nächsten Gabelung links ab.

Dieser Pfad führt Sie etwas steiler bergauf als die Pfade zuvor, bis Sie an einen Picknicktisch mit Bänken und schöner Aussicht (km 5,3) gelangen: Hier biegen Sie links ab. An der T-Kreuzung, auf die Sie direkt danach zulaufen, halten Sie sich abermals links. Auch hier gehts hoch, allerdings weniger steil als zuvor.

Ignorieren Sie etwaige Abzweigungen, bis Sie an einer Kreuzung mit Bank aus dem Wald heraustreten. Hier biegen Sie vor einem Feld rechts ab, was Sie am Ende des Feldes wiederholen. An der Gabelung vor dem Wald, auf die Sie nun zulaufen, halten Sie sich links. An der nächsten Gabelung will Sie ein verwildert aussehender Pfad nach rechts locken: Folgen Sie weiterhin dem Hauptweg. An der nächsten Möglichkeit halten Sie sich scharf links, um direkt danach einer scharfen Rechtskurve hinab zu folgen.

Nur rund 220 m weiter geht es für Sie erneut in eine scharfe Linkskurve, nur um nach weiteren knapp 100 m einer Rechtskurve zu folgen. Es wird flacher und Sie können sich ein wenig von den Strapazen erholen. Nach der nächsten Rechtskurve erwartet Sie schon wieder eine Gabelung: Rechts geht es für Sie auf dem Lieserpfad weiter. Der ruhige Wald lässt Sie den Alltag vergessen. Nahezu auf Schritt und Tritt werden Sie heute von der Lieser begleitet und schroffe Felswände lassen Sie darüber staunen, was die Natur so alles erschaffen kann.

An einer Bank geht es für Sie nun in eine Rechtskurve hinein und direkt danach links ab.

Vorsicht: Setzen Sie Ihre Füße mit Bedacht, denn viele Steine und Wurzeln garnieren Ihren Weg. Außerdem treffen Sie erneut auf ein seilgesichertes Wegstück, an dessen Ende Sie links auf den leicht ansteigenden Weg abbiegen.

An der nächsten Möglichkeit nehmen Sie die Abzweigung rechts.

Auch hier geben Sie dann beim Abwärtswandern des Hangkantenpfades gut Obacht.

Da Sie heute ein ständiges Auf und Ab begleitet, geht es nun über einen schmalen Pfad wieder bergauf. Oben angekommen stoßen Sie wieder auf einen breiteren Weg, dem Sie nach rechts folgen – und damit wieder bergab. Es gibt doch nichts Schöneres im Leben als die Abwechslung!

Das Schild mit der Aufschrift „Mausloch“ (km 8,5), das Sie dazu verführen möchte, nach rechts abzubiegen, haben Sie gar nicht gesehen und wandern stattdessen weiter geradeaus. Der Weg fällt immer noch ab. Unten angekommen stößt von rechts ein Weg zu Ihnen. Sie laufen geradeaus weiter, um sich an der nächsten T-Kreuzung rechts zu halten und auf eine spannende Brücke zuzuwandern, die sich in einem kleinen Tal befindet. Es handelt sich um die **Biederburg-Brücke ❸** (km 9). Die Namensgebung war ein hartes Stück Arbeit.

## Die Biederburg-Brücke

In vielen Karten ist diese Brücke noch als Karl-Kaufmann-Brücke zu finden. Dieser war von 1904 bis 1938 Vorsitzender des Eifelvereins. Später benannte der Verein einen Wanderweg nach Kaufmann, der jedoch 2019 in Ville-Eifel-Weg umbenannt wurde. Es war bekannt geworden, dass Kaufmann eine Nazivergangenheit gehabt hat, was diverse seiner Aussprüche offenbar belegten. Aber nicht nur den Wanderweg benannte man deshalb um – Selbiges widerfuhr auch der Brücke, an der Sie jetzt stehen.

Ihr heutiger Name, ausgewählt von den Ortsgemeinden Karl und Oberöfflingen, denen die Brücke gehört, geht auf die einstige Biederburg zurück. Diese thronte im 14. Jahrhundert auf einem Felsvorsprung über diesem Tal. Von ihr ist allerdings nichts Sehenswertes mehr übrig.

Die Verbandsgemeinde Wittlich-Land favorisierte übrigens den Namen Manuel-Andrack-Brücke und auch der „Wanderpapst" selbst hatte schon sein Okay dazu gegeben. Karl und Oberöfflingen zogen es jedoch vor, lieber an die ehemalige Biederburg zu erinnern.

*Die Biederburg-Brücke: Die Brücke, um die ein Namensstreit entbrannte*

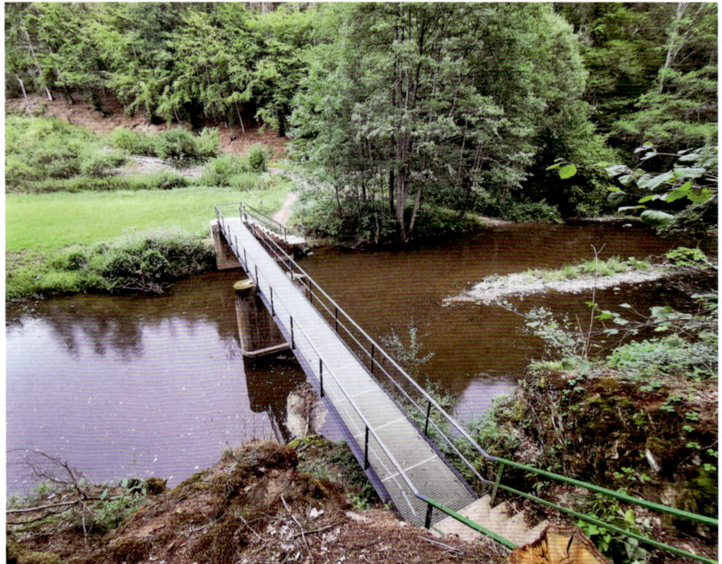

Schnaufen Sie noch einmal durch, bevor Sie die Brücke hinter sich lassen, um den Aufstieg auf den **Burgberg** anzugehen! Dazu biegen Sie hinter der Brücke links ab, bei der nächsten Gelegenheit sofort rechts und an der folgenden Gabelung links in Richtung Wiese. Bald schon steigt der Pfad an, wird von Schritt zu Schritt steiler und ist garniert mit einigen Wurzeln, die jedoch als natürliche Treppenstufen dienen können. Und: Sie laufen stets im Schatten.

An der nächsten großen Kreuzung können Sie geradeaus in Richtung Großlittgen weiterwandern.

☺ ↳ Oder aber Sie unternehmen einen ⇔ insgesamt 600 m langen Abstecher nach links zur **Burgblick-Schutzhütte** auf dem Burgberg (folgen Sie einfach nach dem Abbiegen dem Weg; Sie können die Hütte nicht verfehlen). Den kleinen Ausflug sollten Sie sich nicht entgehen lassen, denn er bringt Sie auch zu einer **Panoramaplattform** mit Blick auf das Tal und seine Lieserschleife – traumhaft schön! Zurück an der Kreuzung biegen Sie dann links ab und folgen damit dem Schild, das nach Großlittgen weist.

Achtung: Kurz bevor Sie danach auf einen breiteren Weg treffen, der wieder ebenmäßig ist und dem Sie jetzt links folgen müssen, müssen Sie 2 bis 3 m abwärts über rutschigen Fels überbrücken.

Sie wandern bald schon auf einem wieder schmaleren Weg an einem kleinen Bach entlang und folgen diesem Hauptweg, Abzweigungen ignorierend, abwärts, bis Sie wieder auf die Lieser treffen. Hier geht es scharf rechts weiter und wieder bergauf. Die nächsten beiden Abzweigungen ignorieren Sie wieder – auch hier heißt das Zauberwort: Hauptweg.

An einer T-Kreuzung würde es rechts nach Karl gehen, Sie biegen jedoch stattdessen links ab. An der nächsten kleinen Gabelung halten Sie sich erneut links und wandern über Stock und Stein aufwärts, bis Sie auf eine von Bäumen eingekesselte Wiese schauen. Wählen Sie den schmalen Pfad links, der auch nach einem Pfad aussieht (der verwilderte Trampelpfad ganz links führt nur auf die Wiese). Bald schon stößt von links ein breiter Weg auf den Ihren, dem Sie geradeaus folgen – allerdings nur bis zur nächsten Kreuzung, die mit Bank und Wegweisern ausgestattet ist. Hier halten Sie sich links in Richtung **Großlittgen**.

Bei nächster Gelegenheit geht es für Sie rechts hoch und nicht links runter. Seit den Wegweisern ist der Pfad wieder steiniger und steiler geworden. Aber da Sie ja genug Verpflegung mitführen und auf ein angemessenes Tempo achten, bereitet Ihnen das keine Probleme.

Ab dem Moment, in dem es wieder abwärtsgeht, seien Sie bitte, gerade bei Nässe, noch aufmerksamer als sonst: Steine und Wurzeln wollen Sie zum Stolpern bringen und es geht mitunter sehr steil hinab.

Die nächste Brücke (km 12) gibt auch einen idyllischen Pausenplatz direkt an der Lieser ab. Da Sie jedoch keine Bank entdecken können, laufen Sie vermutlich weiter. Überqueren Sie dafür die Brücke und halten Sie sich anschließend direkt links, um kurz darauf auf einen weiteren Wegweiser beziehungsweise die **Abzweigung nach Großlittgen** ❹ (12,1 km) zu treffen.

## ➪ Abstecher nach Großlittgen

An diesem Wegweiser können Sie einen Abstecher nach Großlittgen machen, um etwa Ihre Vorräte aufzufüllen. Auch können Sie auf diese Weise die Etappe aufteilen, falls Sie Ihnen zu lang erscheinen sollte, denn von Großlittgen aus bringen Sie Busse in Orte mit Unterkünften wie etwa nach Manderscheid oder nach Wittlich. Möchten Sie eine spannende Abtei besichtigen, so bringt ein Bus Sie zudem zur nahe gelegenen Abtei Himmerod mit ✕ Klostergaststätte.

Um nach Großlittgen zu gelangen, biegen Sie an diesem Wegweiser rechts ab. Der einfache Weg zum Ort, der in der Eifeler Mundart „Gruhssleehtchen“ genannt wird, ist rund 3,3 km lang, aber sehr idyllisch.

Nach dem Abbiegen verschwinden Sie auf ebenem Weg im Wald. Sie wandern an einem kleinen Bach entlang, bis Sie nach etwa 1,2 km auf eine ⛼ Bank treffen, an der Sie nach rechts abbiegen können – tun Sie das. Wenn Sie Glück haben und alles um Sie herum blüht, denn duftet es hier herrlich.

Nach weiteren rund 500 m treffen Sie erneut auf eine Kreuzung mit Wegweisern. Schlagen Sie den Weg nach links in Richtung Großlittgen ein. Der Weg verläuft durch eine Rechtskurve und steigt nun noch einmal ein wenig an.

Nach der nächsten Linkskurve haben Sie Sicht auf Felder. Folgen Sie der Teerstraße, die bald von Apfelbäumen gesäumt wird, immer weiter geradeaus, bis Sie auf die **Grundschule** an der Schladter Straße treffen (km 2,8); Sie liegt rechts von Ihnen. Hier biegen Sie rechts ab. Der Schladter Straße folgen Sie weiter. Ignorieren Sie die Kindergartenstraße auf der rechten Seite, dann auf der linken Seite den Rennpfad, dann wieder rechts den Kritscherweg und als Letztes die Straße Zum Eisengang auf der linken Seite. Jetzt taucht links von Ihnen die Straße Zehntscheune auf, in die Sie einbiegen. Nach wenigen Metern erreichen Sie den Dorfplatz mit 🚌 Bushaltestelle (km 3,3).

## Großlittgen

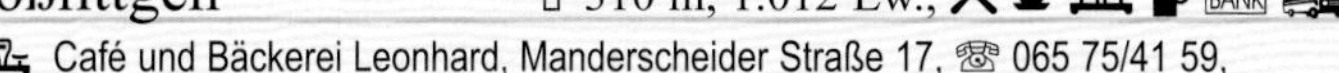
⇧ 310 m, 1.012 Ew.,

Café und Bäckerei Leonhard, Manderscheider Straße 17, ☎ 065 75/41 59, www.manderscheider.wixsite.com/cafe-leonhard, Mo Ruhetag, Di-Fr 6:30-13:00 und 14:00-18:00, Sa 6:00-14:00, So 11:30-18:00

Von Großlittgen bringen Sie unter anderem die RegioLinie 300 (Wittlich, Daun), die Buslinie 511 (Manderscheid, Daun) und die Buslinie 303 (Manderscheid, Wittlich) in die Nachbarorte. Der Bus 303 bringt Sie außerdem zur Abtei Himmerod.

### Abtei Himmerod

Das im Oktober 2017 aufgelöste Kloster An der Abteistraße 3 war das 14. Zisterzienserkloster und das erste deutsche Kloster (neben Kloster Eberbach im Rheingau), das Bernhard von Clairvaux 1134/1135 gründete.

Die Himmeroder Denkschrift, die hier 1950 im Zuge einer Tagung deutscher Wehrmachtsoffiziere entstand, legte den Grundstein für die deutsche Wiederbewaffnung (Bundeswehr) nach dem Krieg.

Die barocke Klosterkirche aus dem Jahr 1751 (mit Kleis-Orgel!) wird auch als „Eifeldom“ bezeichnet. Zur Abtei gehört zudem eine Klostergaststätte mit Biergarten sowie gutbürgerlicher Küche und dem hauseigenen Klosterbier (Mo-So 11:30-20:00, ☎ 065 75/95 13 44).

♦ Mehr Infos zur Abtei Himmerod gibt es unter ☎ 065 75/951 30 und auf www.abteihimmerod.de.

Wenn Sie am Wegweiser links mit dem Pfad in Richtung Bank abbiegen – Großlittgen also nicht kennenlernen wollen –, so folgen Sie damit dem Schild, das Ihnen verrät, dass Sie nur noch 11,8 km von der Säubrennerstadt Wittlich trennen.

An der nächsten kleinen Lichtung mit Bank lassen Sie den Weg, der scharf rechts abbiegt, Weg sein und halten sich weiter geradeaus auf dem Hauptweg und gehen an der Bank vorbei. Der schmale Hangpfad kommt sehr idyllisch daher. Links unter Ihnen plätschert wieder die Lieser.

Bizarre Felswände säumen die andere Seite Ihres Weges. Seit der Abbiegemöglichkeit nach Großlittgen ist übrigens der Eifelsteig verschwunden. Stattdessen ist neben dem Lieserpfad nun auch der Rundweg Mühlen an Lieser und Salm Ihr Begleiter. Der Weg ist mal schmaler, mal breiter, die Lieser Ihnen immer mal nah und dann wieder weiter weg.

Gleichzeitig windet sich Ihr Weg immer ein wenig höher hinauf. Sobald Sie oben angekommen sind, ist links unter Ihnen wieder die Lieser zu sehen und von scharf rechts gesellt sich ein Weg zu dem Ihrigen, dem Sie nun weiter folgen, vorbei an immer imposanter erscheinenden Schieferwänden.

Kurz darauf treffen Sie auf eine Teerstraße, die gerade eine Kurve beschreibt. Überqueren Sie die Straße vorsichtig, um ihr nach links und damit abwärts zu folgen (Schild: „Wittlich – 10,4 km“), bis die **Schladter Brücke** in Sichtweite ist ❺ (13,7 km). Noch vor der Brücke biegen Sie rechts ab auf den steinigen Wanderweg und folgen dem Schild mit der Aufschrift „Wittlich – 10,3 km“. Wenige Meter weiter stoßen Sie auf eine kleine Lichtung mit ⩶ Tisch und Bänken. Vor dem Picknicktisch gehts links ab und damit weiter auf dem schmalen Pfad, der sich an die Lieser schmiegt. Erneut beeindrucken die Felsformationen am Wegesrand.

Wenn der Weg in einer Kurve wieder leicht abfällt, biegen Sie rechts ab, anstatt dem Pfad runter zur Lieser zu folgen. Aber auch Ihr Weg wird nun etwas schmaler und plötzlich garniert mit zwei Brücken, wobei Sie vor der ersten Brücke darüber in Kenntnis gesetzt werden, dass beide nur eine Traglast von maximal 500 kg haben. Das sollte aber vermutlich kein Problem darstellen.

Nach der zweiten Brücke empfängt Sie das Schild „Gemarkung Minderlittgen“. Der Weg wird nun breiter; lichtere und schattigere Stellen wechseln sich ab. In einer scharfen Linkskurve folgen Sie weiterhin dem Hauptweg, auch wenn ein verwildert aussehender Pfad Sie in dieser Kurve nach rechts und bergauf locken möchte. An der nächsten Gabelung folgen Sie ebenfalls dem Hauptweg weiter geradeaus, der Sie zu einem weiteren Schilderbaum bringt. Dieser verrät Ihnen, dass Sie wieder geradeaus weiterwandern müssen. Wittlich liegt noch 8,5 km entfernt.

Am nächsten Schilderbaum führt ein gruseliger Weg rechts von Ihnen steil bergauf – folgen Sie lieber Ihrem Hauptweg weiter geradeaus, abermals in Richtung Wittlich (noch 8 km). Seit der Abzweigung nach Großlittgen verläuft der Lieserpfad übrigens nahezu steigungslos. Ein weiterer bald auftauchender Schilderbaum (Wittlich: 7,4 km) führt Sie, immer noch mit dem Rundweg Mühlen an Lieser und Salm, scharf links runter. In der Kurve wird der Pfad dann wieder ebener.

An einem ⛼ Picknicktisch mit Bänken macht der Pfad eine Rechtskurve. Ruhig ist es auch hier, sodass Sie sich ganz still auf eine wunderschöne Rast freuen können, die bald anliegt. Immer weiter folgen Sie dem Hauptweg und ignorieren alle möglichen Abzweigungen. Auf diese Weise stehen Sie bald an einem Schilderbaum mit Abzweigung nach links zur ☕ ✕ **Alten Pleiner Mühle** mit Biergarten ❻ (18,4 km).

## Abstecher zur Alten Pleiner Mühle

Nur rund 300 m trennen Sie an dieser Stelle von einem wunderschönen Ort zum Verweilen. Am Schilderbaum wandern Sie links runter, um sich an der nächsten Gabelung rechts zu halten. An der weiteren Gabelung biegen Sie links ab. Ein paar Meter weiter taucht eine Brücke auf, die Sie überqueren: Es bietet sich Ihnen ein erster Blick auf den liebevoll gestalteten Biergarten der Alten Pleiner Mühle, direkt an der wildromantischen Lieser gelegen.

## Alte Pleiner Mühle

Man sagt, die Alte Pleiner Mühle sei erstmals Anfang des 16. Jahrhunderts offiziell erwähnt worden. Die Gaststätte und die Ferienwohnung befinden sich im einstigen Mühlengebäude und einem alten Wirtschaftstrakt. Die Gaststätte besteht seit 1926. Im Jahr 1935 wurde der Betrieb der Mühle eingestellt. Heute können Sie sich auf Kuchen, Hausmacherplatten, Viez oder auch Flieten (Hähnchenflügel, auch bekannt als Chicken Wings) freuen.

✕ ☕ Alte Pleiner Mühle, 54518 Plein, ☎ 065 71/269 37 09, ✉ info@alte-pleiner-muehle.de, 💻 www.alte-pleiner-muehle.de, 🚪 Do-So 11:00-19:00, feiertags ab 11:00, in den Ferien in Rheinland-Pfalz Di-So ab 11:00

Zurück am Schilderbaum: Wollen Sie nicht einkehren, so folgen Sie dem Weg weiter geradeaus in Richtung **Bastenmühle** (3,8 km) und Wittlich (5,6 km).

Ignorieren Sie zwei Wege, die links runter zur Lieser führen. Die Lieser ist hier breit, der Weg ebenfalls. Um Sie herum herrschen Ruhe und das Grün des Waldes. An der nächsten Gabelung halten Sie sich links und wandern auf ebenem Untergrund weiter. Linker Hand nehmen Sie bald schon eine Straße und damit so etwas wie Zivilisation wahr, bevor es für Sie in eine Rechtskurve geht. Das kurz danach folgende Pättken, das nach links auf eine Wiese führt, ignorieren Sie zugunsten des Hauptweges. Auch dem nächsten Schild (Wittlich: 3,7 km) folgen Sie weiter geradeaus.

In einer Rechtskurve erwartet Sie eine ⩫ Bank zum Verschnaufen. In der nächsten Linkskurve gesellt sich, von rechts kommend, ein Weg zu Ihnen. Mit ihm gemeinsam halten Sie sich an der T-Kreuzung links und an der nächsten Gabelung mit ⩫ Bank rechts.

An einem kleinen Parkplatz stößt ein weiterer Weg von rechts auf Ihren Lieserpfad. Mit ihm zusammen geht es geradeaus weiter zur Teerstraße. Ein Schild verrät Ihnen, dass Sie noch rund 600 m von der Bastenmühle trennen. Sie befinden sich mittlerweile außerdem auf dem **Säubrenner-Rundweg**; Wittlich ist in greifbare Nähe gerückt.

Die nächste ebenfalls geteerte Abzweigung nach rechts wird zugunsten des Hauptweges ignoriert, der Sie immer noch geradeaus führt. Auf der rechten Seite erblicken Sie nun zum ersten Mal Weinberge, was auf einen gemütlichen Abend hoffen lässt.

An der T-Kreuzung gehts links ab in Richtung der seit 2011 nicht mehr bewirtschafteten **Bastenmühle** ❼ (km 22,2), die Sie nach weiteren etwa 100 m erreichen.

Vor der Mühle biegen Sie rechts ab auf einen Fußweg Richtung Wittlich. Bei schönem Wetter ist hier an vielen Stellen eine gemütliche Rast an und dank großer Steine sogar in der Lieser möglich. An einem Geländer laufen Sie geradeaus weiter, anstatt die Treppen zu nehmen, die rechts hinaufführen. An der nächsten T-Kreuzung biegen Sie links ab und überqueren die Lieser mittels einer Brücke. Anschließend führt der Weg Sie rechts weiter, immer an der Lieser entlang. Sie passieren eine ⩫ Sinnesbank mit Blick auf ein altes **Wehr**.

Kurz vor der nächsten Brücke geht es für Sie rechts hinauf zur Straße, um dann die besagte Brücke auch zu überqueren. Anschließend führt der Lieserpfad links weiter in die Straße Brückenmühle; natürlich immer noch gemeinsam mit der Lieser.

Wieder ignorieren Sie Abzweigungen wie jene nach rechts in den **Stadtpark**. Der Lieserpfad wird zum geteerten Fußgänger- und Radfahrerweg. An der nächsten Kreuzung wandern Sie geradeaus weiter und folgen nun einem Kiesweg.

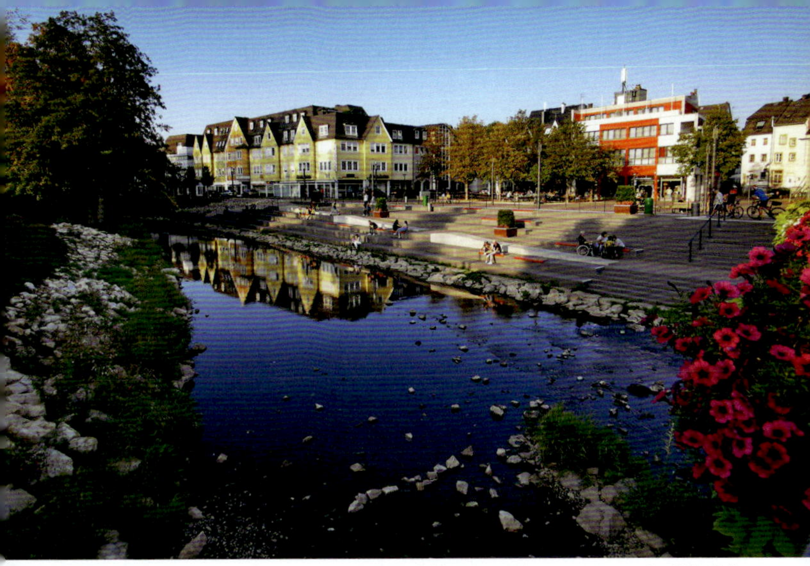

*Die hübschen Liesertreppen in Wittlich*

Die nächste Brücke schauen Sie sich nur an, wandern aber geradeaus weiter. Auch die Brücke an den hübsch angelegten **Liesertreppen** in unmittelbarer Nähe zur Altstadt Wittlichs ignorieren Sie. Es geht für Sie, vorbei an öffentlichen Toiletten und einem Spielplatz, geradeaus weiter. Von hier aus sind es nur noch rund 200 m bis zur nächsten Brücke über die Lieser (**Trierer Landstraße**), die Sie dieses Mal auch überqueren. Anschließend wechseln Sie vorsichtig die Straßenseite, denn nach der Brücke geht es morgen direkt rechts weiter in Richtung Skulptur, die Sie bereits sehen können.

Direkt vor Ihnen liegt dagegen die wunderhübsche Altstadt der spannenden Stadt, für deren Erkundung Sie sich ein wenig Zeit nehmen sollten.

## Wittlich

⇧ 160 m, 19.500 Ew., B&B

Tourist-Information Wittlich Stadt & Land, Marktplatz, ☏ 065 71/40 86, hallo@tourist.wittlich.de, www.moseleifel.de, April-Oktober Mo-Fr 9:00-13:00 und 14:00-17:00, Sa 9:00-13:00, So Ruhetag, November-März Mo/Di/Do/Fr 9:00-13:00 und 14:00-16:00, Mi/Sa/So Ruhetag

**B&B** La Roseraie Wittlich, Trierer Landstraße 7, ☏ 065 71/37 54, www.laroseraie-forsthaus.de, ÜF EZ € 60, DZ € 80, circa 60 m vom Weg entfernt

Restaurant, Café, Gartenlokal Daus, Karrstraße 19-21, ☏ 065 71/916 20 (auch für Tischreservierungen), info@restaurant-daus.de, www.restaurant-daus.de, täglich ab 11:00, warme Küche 11:30-14:00 und 17:00-21:00

Restaurant Trattoria Strada 37, Karrstraße 37, ☏ 065 71/952 46 50, robe.ferraro@gmail.com, www.strada37.de, Di-So 11:30-14:30 und 17:30-21:30, Mo Ruhetag, rustikales, gemütliches Ambiente, leckere italienische Spezialitäten

Der Bus 301 bringt Sie regelmäßig von Wittlich nach Lieser, Bus 300 zurück nach Manderscheid.

Wittlich liegt am Rande der Wittlicher Senke, in der aufgrund des günstigen Klimas sowohl Wein als auch Tabak angebaut werden. Man fühlt sich in diesem Ort mal als Teil der Eifel, mal als dem Moselland zugehörig. Der charmante Stadtkern lädt mit seinem hübschen Markt und den Treppen an der Lieser zum Verweilen an lauschigen Sommerabenden ein.

*Überall Schweine in der Säubrennerstadt*

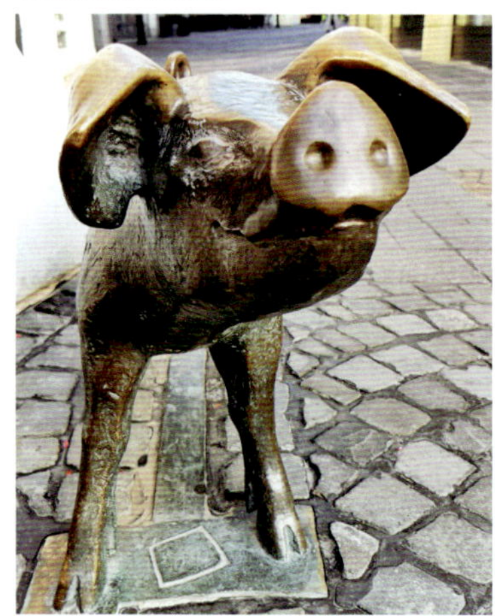

Die Ursprünge der Stadt liegen in Keltenzeiten, wovon auch die Römische Villa zeugt, die zum Teil wiederaufgebaut wurde und die Sie morgen passieren. Erstmals schriftlich erwähnt wurde der Ort im Jahr 1065. Auch für die Industrie ist Wittlich interessant: Unter anderem ist hier die Firma Dr. Oetker ansässig, die jährlich rund 1 Million Pizzen backt und ironischerweise auch nach Italien exportiert. 1912 erbaute man in Wittlich den ersten deutschen Jugendknast. In der angrenzenden Justizvollzugsanstalt verstarb einst der RAF-Terrorist Holger Meins, der 1974 in den Hungerstreik getreten war.

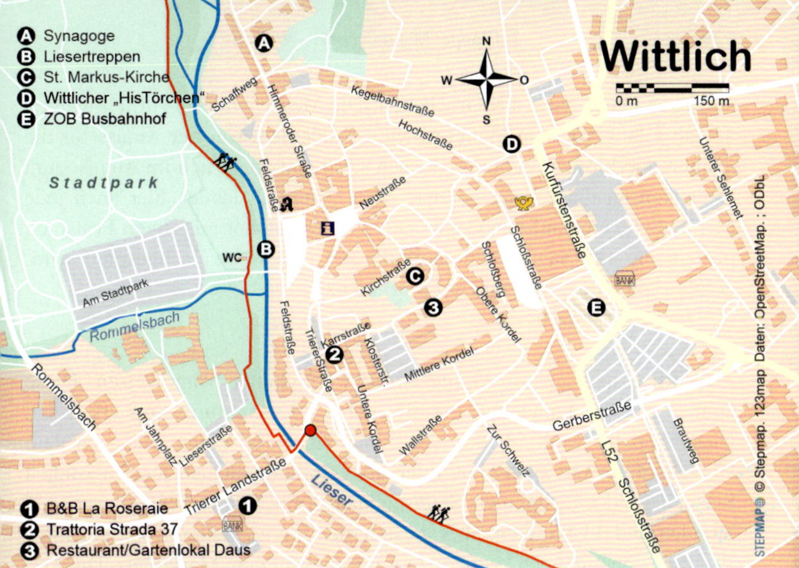


## Die Säubrennerstadt

Wittlich ist kein guter Ort. Zumindest nicht für Schweine, die an vielen Stellen im Stadtkern als Bronzefiguren zu bestaunen sind. Seit über 600 Jahren sind die Wittlicher als Säubrenner verschrien und ihr Ort wird mit dem wenig schmeichelnden Namen „Säubrennerstadt“ bedacht.

Schuld daran ist Friedrich von Ehrenburg. Dieser Ritter belagerte 1397 die Wittlicher. Der Ehrenburger wäre vermutlich irgendwann gefrustet abgezogen, wenn nicht ein Nachtwächter einen fatalen Fehler gemacht hätte: Da er bei einem seiner abendlichen Rundgänge eines der drei Stadttore aufgrund eines fehlenden Riegels nicht verrammeln konnte, griff er stattdessen leider zu einer Runkelrübe. Eine Sau streifte nachts durch den Ort. Ihr gefiel die improvisierte Art der Stadttorverriegelung so gut, dass sie sie kurzerhand auffraß. Das Ende vom Lied: Der Ritter von Ehrenburg konnte nun ohne Probleme in den Ort einfallen, brandschatzen und plündern.

Schlussendlich war Wittlich fast gänzlich niedergebrannt worden. Aus Wut trieben die Wittlicherinnen und Wittlicher alle verbliebenen Schweine auf dem Marktplatz zusammen und verbrannten sie – die Sage von den „Säubrennern“ war geboren.

Etwas Gutes hatte das Geschehen: Die Menschen aus Wittlich wurden 45 Jahre lang von den Steuern befreit. Außerdem war der Anlass für die „Säubrennerkirmes“ geboren, die seit 1950 nun alljährlich im August zum Gedenken an diese Sage gefeiert wird. Natürlich landen hier auch jede Menge Schweine auf den Grills. Die Kirmes beginnt mit einem Festspiel, in dem die alte Sage auf humorvolle Art und Weise nachgespielt wird, gefolgt von einem Umzug zum Marktplatz.

💻 www.kirmes-wittlich.de

Wittlich hat auch so einige Sehenswürdigkeiten vorzuweisen. Diese können Sie unter anderem mithilfe der ☺ **Lauschtour-App** erkunden. Diese App für Android- und iOS-Smartphones ist gratis und nach dem Download vor Ort auch ohne Internetverbindung nutzbar. Starten können Sie den rund einstündigen Stadtrundgang (mit Römischer Villa etwa 1 Stunden und 30 Minuten, aber diese lernen Sie im weiteren Verlauf Ihres Weges ja ohnehin noch kennen) zum Beispiel auf dem Marktplatz. Die App führt Sie zu den wichtigsten Sehenswürdigkeiten der „Säubrennerstadt“. Zum Abschluss gibt es sogar einen Besuch auf einem Weingut.

*Reste der Römischen Villa*

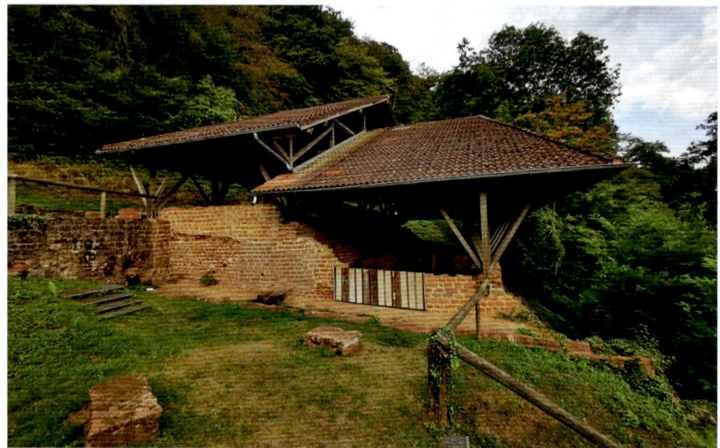

## ⌘ Historischer Marktplatz mit dem Alten Rathaus und der Alten Posthalterei

Das Alte Rathaus auf dem Marktplatz, ein rotes Gebäude, strahlt Ihnen förmlich entgegen. Errichtet wurde es nach dem Stadtbrand von 1647 (am 3. April explodierte die Pulvermühle; zwei Drittel der Stadt wurden zerstört) in den Jahren 1650 bis 1652 auf mittelalterlichen Grundmauern. Doch sein Name ist eigentlich irreführend, wird das Haus doch schon seit 1984 nicht mehr als Stadtverwaltung genutzt. Dafür beherbergt es heute die Städtische Galerie. Das komplette Erdgeschoss ist den Werken von Georg Meistermann gewidmet. Rund 40 von ihm erschaffene Fenster zieren insgesamt elf Wittlicher Häuser. Auftrag Nummer eins war die Gestaltung von Fenstern der St.-Markus-Kirche.

Das Portal des Alten Rathauses dient Hochzeitspaaren häufig als Fotokulisse. In der ersten Etage des Hauses sind wechselnde Ausstellungen zu finden.

Schauen Sie nach oben: In der „Muschelnische“ oberhalb des Torbogens über der Eingangstür entdecken Sie den Pestheiligen St. Rochus. Jedes Jahr zur Säubrennerkirmes wird er mit einem Blumenstrauß bedacht.

♦ Di-Sa 11:00-17:00, So/feiertags 14:00-17:00. Der Eintritt kostet € 3. Personen unter 18 Jahren haben freien Eintritt.

Die Alte Posthalterei Thurn und Taxis wurde vermutlich um 1725 erbaut und rund 100 Jahre lang als Versorgungsstation genutzt. Sie liegt an der Südseite des Marktplatzes und überragt mit ihrer Höhe von etwa 20 m alle angrenzenden Häuser. Heute ist hier eine Brasserie zu finden.

## ⌘ Das Türmchen – „Das Wittlicher HisTörchen“

Rund 700 Jahre dauerte es, bis das Wittlicher „Türmchen“ in der Burgstraße 57 zum ersten Mal der Öffentlichkeit zugänglich gemacht wurde: Im September 2018 eröffnet man das Museum Wittlicher HisTörchen. Einst gab es in Wittlich drei Doppelturm-Stadttore. Das Türmchen ist ein Überbleibsel des Burgtores und damit ältestes Gebäude der Stadt. Das Trierer Tor und auch das Himmeroder Tor sind ebenso wenig erhalten geblieben wie die Stadtmauer selbst, die man im 18. und 19. Jahrhundert niederriss.

Durch ein 12 Minuten langes Animationsfilmchen erfahren Sie mehr über die Geschichte der Stadt, die einst sogar über eine Burg und ein Barockschloss verfügte (mehr dazu erfahren Sie gratis in einem PDF-Dokument auf der Homepage 💻 kulturamt.wittlich.de/stadtgeschichte/burg-ottenstein.html). Der Sprecher des Zeichentrickfilmes ist Manuel Klein, Schauspieler aus Wittlich.

In den letzten 200 Jahren fungierte das Türmchen als Wohnhaus. Als der letzte Bewohner starb, wollte die Stadt das nur 15 m² große „Häuslein“ nicht mehr vermieten und machte daraus ein Museum, in dem Sie heute nachvollziehen können, wie die Türmer der Stadt hier wohl gelebt haben mögen.

♦ Den Schlüssel erhalten Sie im Alten Rathaus, Neustraße 2, zu folgenden Di-Sa 11:00-17:00, So/feiertags 14:00-17:00. Der Eintritt kostet € 1.

## ⌘ Synagoge

Die jüdische Gemeinde Wittlich nutzte zunächst eine kleinere Synagoge, die jedoch irgendwann baufällig geworden war. 1910 wurde deshalb die Synagoge erbaut, die Sie heute in der Himmeroder Straße vor sich sehen und die noch genauso ausschaut wie zu ihrer Eröffnung. 1975 begann die Stadt mit Restaurierungsarbeiten, um im Rahmen einer Dauerausstellung in der heutigen Kultur- und Tagungsstätte des „Jüdischen Lebens in Wittlich“ zu gedenken. Auf drei Etagen können Sie im Nachbargebäude vieles über das Leben und Wirken der Juden in der Stadt erfahren.

♦ Di, Do, Fr, Sa, So/feiertags 14:00-17:00, Mi 9:30-12:00, Mo Ruhetag. Der Eintritt ist frei.

## ✞ St.-Markus-Kirche

Die St.-Markus-Kirche im historischen Stadtkern ist eine vierjochige Pfeilerbasilika, die erst vor rund 300 Jahren erbaut wurde. Sie entstand zwischen 1709 und 1729. Die feierliche Einweihung erfolgte 1727. Die Vorgängerkirche war im Jahr 1707 abgebrannt. Die Chorfenster stammen von Georg Meistermann, dem Sie in der Städtischen Galerie im Alten Rathaus bereits begegnet sind. In der St.-Markus-Kirche befindet sich die größte und älteste Pfeifenorgel, die 1769 von den beiden Orgelbauern Peter und Nikel Schreiber aus Dusemond (heute Brauneberg an der Mosel) angefertigt wurde.

# 8. Etappe: Wittlich – Lieser

*18,2 km, 5 Std. 30 Min., ↑ 329 m, ↓ 375 m, ⇧ 107-196 m*

| | | |
|---|---|---|
| 0,0 km | ⇧ 170 m | Wittlich (Lieserbrücke) B&B BANK ⌘ |
| 1,9 km | ⇧ 157 m | Römische Villa Wittlich ⌘ |
| 3,9 km | ⇧ 162 m | Altrich (Gut Kirchhof) |
| 7,1 km | ⇧ 156 m | Plattener Schweiz (Wanderweg Steinebach-Rahns) |
| 9,0 km | ⇧ 140 m | Abzweigung Weingut Görgen Platten |
| 9,2 km | ⇧ 133 m | Platten (Maare-Mosel-Radweg) |
| 13,6 km | ⇧ 136 m | Ortsrand Maring-Noviand |
| 14,0 km | ⇧ 124 m | Abzweigung Römische Kelteranlage ⌘ |
| 15,3 km | ⇧ 150 m | Maringer Schweiz |
| 17,2 km | ⇧ 108 m | Mündung der Lieser in die Mosel |
| 18,2 km | ⇧ 111 m | Lieser (Marktplatz) ⌘ (Mülheim) |

*Auf der heutigen Etappe erwarten Sie wenige Höhenmeter, doch sie hält mit der Plattener Schweiz, der Maringer Schweiz, Überresten der römischen Kultur und gemütlichen Einkehrmöglichkeiten noch einmal sehr viel Abwechslung bereit. Am Ende stehen Sie im verträumten Weinort Lieser, in dem der Fluss, der Sie so lange begleitet hat, in die Mosel mündet. Erkunden Sie den hübschen Ort mit Schloss genau, denn er hat so einiges zu bieten – auch abseits des beliebten Moselweines. Zudem gibt es noch einige schöne Wanderungen im Umkreis zu entdecken.*

*Einkehren können Sie heute in Altrich, Platten und Maring-Noviand. In den beiden letztgenannten Orten lässt es sich auch gut übernachten.*

Gut geschlafen? Dann kann es ja losgehen mit der heutigen und letzten Etappe Ihrer Tour!

Hinter der Brücke, die gestern Ihr Endpunkt gewesen ist, biegen Sie rechts ab und wandern geradeaus an der Skulptur vorbei (nicht rechts hinunter zur Lieser). Nach circa 380 m laufen Sie auf einem geteerten Radweg weiter geradeaus an der Lieser entlang.

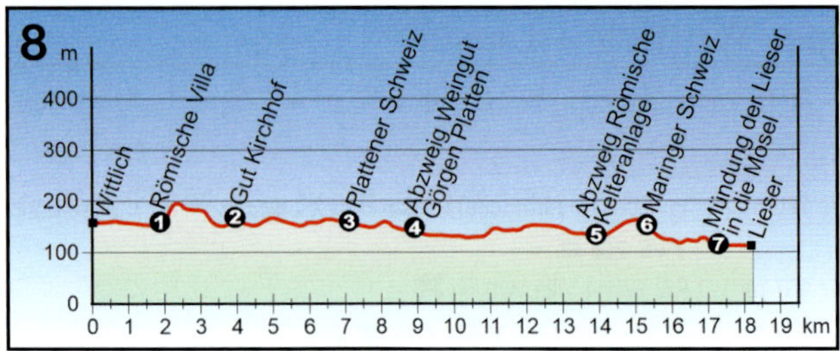


Bis zur ersten Brücke des Tages laden viele ⩩ Bänke links und rechts des Weges bereits zum Ausruhen ein, aber vermutlich haben Sie jetzt noch genug Power. Die Brücke selbst ignorieren Sie; ebenso verfahren Sie mit dem Weg, der scharf links in Richtung Straße abbiegt. Stattdessen geht es für Sie geradeaus weiter in Richtung der Gabelung mit ⩩ Bank, an der Sie sich, gemeinsam mit dem **Säubrennerweg**, links halten. Damit entfernen Sie sich für eine kleine Weile von der Lieser.

An der nächsten Gabelung biegen Sie ein weiteres Mal links ab und wandern so auf eine Landstraßenbrücke zu, die es Ihnen erlaubt, die Straße zu unterqueren. An der direkt folgenden Gabelung führt der Lieserpfad Sie mittels Radweg links weiter in Richtung Bernkastel-Kues (☺ kleiner Tipp: Sollten Sie mal in diesem Ort an der Mosel aufschlagen, so haben Sie bei den Einheimischen gute Karten, wenn Sie „Kus“ statt „Küs“ sagen).

Einige Meter weiter lädt ein Weg ein, vom geteerten Radweg links abzubiegen und ein Autohaus zu besuchen. Aber da Sie auch die letzte Etappe noch zu Fuß bewältigen möchten, wandern Sie stattdessen einfach geradeaus weiter (bleiben Sie stark!). Auch der Weg rechts runter zur Wiese ist keine Option – es sei denn, Sie möchten sich ins Gras legen.

Nun plätschert die Lieser wieder rechts von Ihnen und Sie gelangen an die **Raue Rampe**. Ein Schild vermittelt Ihnen Infos über die ehemalige Wehranlage, die durch diese Rampe mit Fischaufstiegshilfe ersetzt worden ist. Bereits kurz danach stehen Sie unter der **A1-Autobahnbrücke**, unter der Sie rechts in Richtung Lieser abbiegen. Haben Sie diese mithilfe einer Holzbrücke überquert, so hindert Sie nichts daran, die **⌘ alte Römische Villa ❶** (km 1,9), die rechts von Ihnen liegt, zu erkunden.

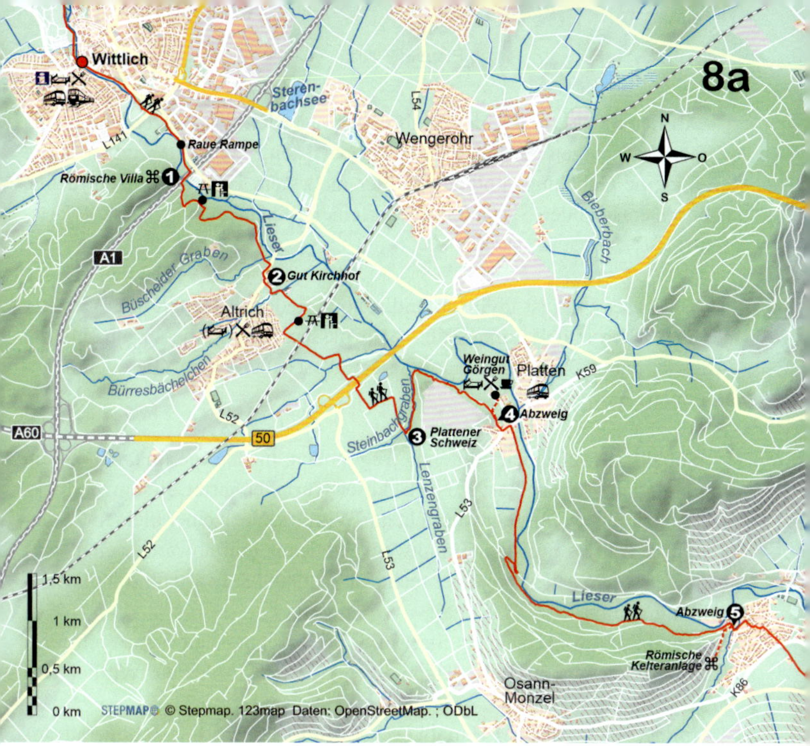


## ⌘ Römische Villa

Unter Kaiser Augustus wurde das Wittlicher Land zur Gallia Belgica, einer der drei römischen Provinzen. Hauptstadt war Augusta Treverorum, das heutige Trier. Die Römische Villa, direkt an der Lieser und unter der Autobahnbrücke gelegen, war ein Gutshof, der angelegt worden war, um die römischen Provinzhauptstädte zu versorgen. Seine Ausmaße waren gewaltig: 140 m lang soll er einst gewesen sein. Zerstört wurde das Anwesen zur Zeit der Völkerwanderung. Wiederentdeckt wurde es im Jahre 1918 und mehrfach von Archäologen untersucht. Die Villa bestand aus drei Flügeln, die untereinander durch Säulenhallen verbunden waren und Wohnräume, Wirtschaftsräume, einen Empfangssaal und sogar eine Badeanlage beherbergten. Teile der Villa wurden leider beim Autobahnbau 1972 zerstört.

An der Stelle, an der der Säubrennerweg nach der Holzbrücke rechts weiterführt, biegen Sie links ab. In der nächsten Rechtskurve erwartet Sie eine kleine Gabelung: Folgen Sie hier nicht dem Hauptweg nach rechts, sondern entscheiden Sie sich für den kleinen Pfad nach links, der aufwärtsführt.

Dieser Pfad ist idyllisch und schmal, jedoch gespickt mit Wurzeln, Steinen, Farn und Brennnesseln. Also passen Sie hier besser auf als die Autorin, damit Ihre Waden auch besser ausschauen, wenn Sie oben angekommen sind.

Sobald Sie auf einen breiteren Weg stoßen, biegen Sie links ab, hinein in eine leichte Rechtskurve. Nach dieser Kurve erwartet Sie ein Picknickplatz mit hübscher Aussicht auf Wittlich. Nach einer kleinen Genießerpause geht es auf dem Hauptweg geradeaus und abwärts weiter, was bedeutet, dass Sie den Weg, der rechts abbiegt und aufwärtsführt, mit Missachtung strafen.

Rund 2,9 km nach Ihrem Start in der Säubrennerstadt bietet sich noch mal eine Gelegenheit, linker Hand einen Blick zurück auf Wittlich und die Lieser zu erhaschen.

Immer noch auf dem Hauptweg bleibend wandern Sie stets geradeaus weiter. Zunächst fällt der Weg leicht ab, bevor er wieder ebener wird. Verwilderte Wege, die Sie nach rechts locken wollen, ignorieren Sie ebenso wie den Weg, der scharf nach links abbiegt.

Immer an Wiese und Wald entlang geht es weiter, bis Sie am **Bürscheider Graben** auf eine kleine Ansammlung von Feriendomizilen und Wohnwagen stoßen. Nach ein paar Metern geht es danach links hoch und auf die Landstraße zu. An der L52 angekommen biegen Sie an einem Kreuz rechts ab und wandern leicht aufwärts Richtung **Gut Kirchhof in Altrich ❷** (km 3,9), auf das Sie in einer Linkskurve treffen. In Altrich gibt es eine Bäckerei sowie ein Gasthaus.

## Altrich

⇧ 180 m, 1.725 Ew.,

Übernachtungsmöglichkeiten sind spärlich gesät; Ferienwohnungen sind zumeist erst ab 2 Personen und Nächten buchbar

Bäckerei Eifel Café Eifeltürmchen, Andreasstraße 33, ☏ 065 71/14 88 56, Mo-Fr 6:00-12:00 und 14:00-18:00, Sa 6:00-12:00, So 7:30-10:30

Altes Gasthaus Wagner, Andreasstraße 44, ☏ 065 71/298 96, www.altes-gasthaus-wagner.de, Fr-So ab 18:00

Bus 304 bringt Sie regemäßig zurück nach Wittlich.

Sie folgen der Straße und entdecken in der nächsten Linkskurve rechts eine kleine Bank mit Minitisch, die einen schönen Pausenplatz mit Blick auf Altrich abgibt. Schlagen Sie die Pause aus, so geht es für Sie direkt links weiter in die abfallende **Cusanusstraße**. Bei nächster Gelegenheit könnten Sie links abbiegen, falls Sie sich für ein Haustier interessieren sollten, denn ein Schild weist in Richtung Eifeltierheim. Interessiert Sie diese Option weniger, so wandern Sie weiter geradeaus auf der Cusanusstraße, bis Sie an eine kleine Brücke über den Bach mit dem niedlichen Namen **Bürresbächelchen** gelangen. Vor dieser Brücke biegen Sie links ab in eine Straße ohne Namen, die bald darauf eine Rechtskurve beschreibt. Mittels der nächsten Brücke wird dann doch noch das Bürresbächelchen überquert. Am Ende des langen Weges mit Aussichten in die Ferne finden Sie eine T-Kreuzung vor, an der Sie sich rechts halten. Hier steigt die immer noch geteerte Straße wieder ein wenig an.

An einem Kreuz mit Bank zum Rasten ignorieren Sie den Weg, der links abbiegt. Sie wandern weiter geradeaus und damit wieder auf Altrich und eine 30er-Zone zu. Kurz darauf geht es für Sie links ab über Felder und auf eine Brücke zu. Die Steigungen waren bisher kaum der Rede wert.

Auch nachdem Sie die Eisenbahnbrücke überquert haben, ignorieren Sie etwaige Abzweigungen und setzen Ihren Weg weiter geradeaus fort. In der nächsten Linkskurve folgen Sie weiter dem Hauptweg, um in einer Rechtskurve auf einen Pausenplatz mit Kreuz zu treffen. Auch hier folgen Sie der Teerstraße in die Rechtskurve hinein, den Feldweg, der links hochführt, ignorierend. Ebenso verfahren Sie mit dem nächsten Weg, der nach links abzweigt.

An der folgenden T-Kreuzung geht es für Sie links weiter, sodass Sie die Brücke über die B50, den **Hochmoselübergang**, passieren können. Hinter der Brücke beschreibt Ihr Weg eine Rechtskurve. Direkt im Anschluss biegen Sie links ab, ignorieren den Feldweg, der 10 m später links abbiegt, und wandern stattdessen weiter geradeaus. Rechter Hand liegt eine Obstplantage, an deren Ende Sie links abbiegen.

In der nächsten Rechtskurve gesellt sich ein Pfad von links zu Ihnen. Mit ihm und der Teerstraße geht es für Sie rechts weiter. An der nächsten Gabelung halten Sie sich nun wieder links, sodass Sie auf eine kleine Brücke mit Geländer zuwandern, die Sie trockenen Fußes über den Steinbachgraben bringt.

Nur wenige Meter weiter halten Sie die Augen auf: Linker Hand sehen Sie einen kleinen Waldweg mit Tor; auf einem Schild prangen die Worte **„Wanderweg Steinebach-Rahns“.** Dies markiert den Beginn Ihrer idyllischen, aber auch ein wenig anstrengenderen Wanderung durch die **Plattener Schweiz (Wanderweg Steinebach-Rahns)** ❸ (km 7,1).

*Spielkind in der Plattener Schweiz*

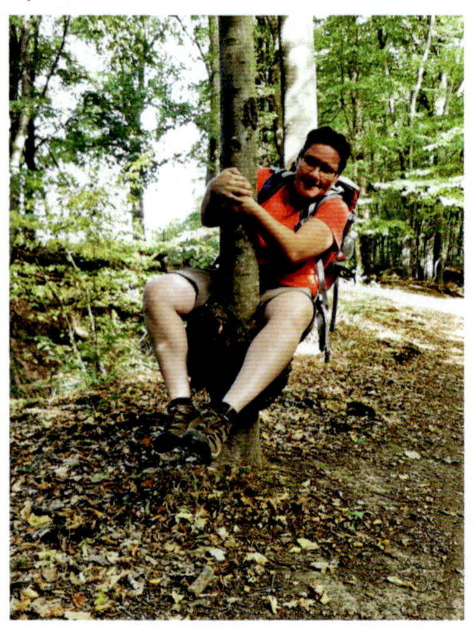

Der Pfad macht seinem Namen alle Ehre. In einem lustigen Auf und Ab geht es für Sie zunächst immer am Steinbachgraben entlang. Brücken helfen Ihnen über das Wasser hinweg, während Sie in den kleinen Schluchten beeindruckende Felswände bestaunen. Nach rund 700 m driften Sie nach rechts ab und weg vom Steinbachgraben; links unter Ihnen rauscht nun wieder die Lieser. Weiter geht es über den sich immer noch schlängelnden Pfad und über mehrere Brücken – zwar ohne Abzweigungen, aber mit jeder Menge Rutschgefahr; besonders bei Regen und Nässe. Erst wenn Sie wieder auf ebenen Pfaden unterwegs sind, wird der Weg wieder breiter. Bleiben Sie nun auf dem Waldweg, auch wenn links ein Wiesenweg lockt, bis Sie links abbiegen können, um auf eine Teerstraße zu treffen.

Hier bietet sich Ihnen in der Nähe eine schöne Einkehr- und sogar Übernachtungsmöglichkeit, denn Sie stehen an der Abzweigung zum **Weingut Görgen in Platten ❹** (km 9).

## Abstecher zum Winzerhofcafé Görgen

Der rund 300 m lange Abstecher zum Weingut Görgen in Platten, das bereits in Sichtweite liegt, lohnt sich vor allem für Leckermäuler. Um dorthin zu gelangen, halten Sie sich an der Teerstraße links und folgen ihr in der nächsten Kurve nach rechts. Der Eingang zum Winzerhofcafé befindet sich nur ein paar Meter weiter auf der linken Seite.

Das Weingut Görgen ist Weingut, Gästehaus und Winzerhofcafé in einem und liegt nicht nur am Lieserpfad, sondern auch unweit des Maare-Mosel-Radweges. Im Biergarten mit Sonnendach können Sie die Seele baumeln lassen. Achtung: Die Käsespätzle mit Röstzwiebeln sind mächtig (aber auch mächtig lecker!).

Weingut Werner Görgen, Bahnhofstraße 14, 54518 Platten, ☏ 065 35/807, info@weingut-goergen.com, www.weingut-goergen.com, Ostern bis Ende Oktober täglich und in den übrigen Monaten nur an den Wochenenden (Fr-So) ab 12:00

Wenn Sie nicht im Café Platz nehmen, sondern direkt weiterwandern wollen, geht es an der Teerstraße für Sie nach rechts in den kleinen Ort Platten hinein.

## Platten

⇧ 130 m, 845 Ew.

Gästezimmer des Weingutes Werner Görgen, Weinbergstraße 1a, ☏ siehe Winzerhofcafé Görgen kurz vor dem Ort, ÜF EZ ab € 48, ÜF DZ ab € 76, rund 400 m vom Weg

Der Bus 301 bringt Sie zurück nach Wittlich.

An der Hauptstraße biegen Sie links ab, um sich kurz danach rechts zu halten und auf dem Maare-Mosel-Radweg weiterzuwandern. Ein Schild verrät Ihnen, dass man auf dem Radweg noch gut 14 km bis zum Moselort Bernkastel-Kues vor sich hat.

Nach etwa 1 km auf dem Radweg (vielleicht ist es für Sie angenehmer, auf dem Gras neben dem Asphalt zu laufen?) passieren Sie ein Schild, welches Sie in **Maring-Noviand** willkommen heißt. Nur wenige Meter danach ist Ihnen auf der linken Seite die Lieser wieder nah. Rund 300 m nach dem Schild biegen Sie dann, nachdem Sie eine hübsche Schieferwand hinter sich gelassen haben, scharf rechts ab und aufwärts in den Wald hinein. Der Asphalt liegt erst einmal hinter Ihnen.

Dort, wo es wieder ebener wird (und damit bei nächster Gelegenheit), biegen Sie zur Abwechslung scharf links ab. Nur kurz danach stoßen Sie auf einen breiten Weg und halten sich ebenfalls links. Schon bald plätschert links unten wieder die Lieser, während rechter Hand immer wieder beeindruckende Schieferwände auftauchen. Der breitere Weg wird immer mal wieder schmal und verbreitert sich dann wieder; dafür können Sie die Steigungen „unter ferner liefen" verbuchen.

Circa 12,2 km von Ihren Startpunkt in Wittlich entfernt treffen Sie wieder auf einen breiten Weg, der von rechts kommt. Betrachtet man das Ganze als T-Kreuzung, so biegen Sie auf diesen breiten Weg ein und folgen ihm nach links (beziehungsweise wandern einfach geradeaus weiter). Kurz darauf treten Sie kurz aus dem ruhigen, schattigen Wald heraus und freuen sich über Fernblicke. Sie bleiben auf dem Hauptweg, bis Sie an eine kleine Kreuzung kommen. Sie folgen dem Hauptweg nach links, der hier nun eine Rechtskurve beschreibt, und bleiben damit in der Nähe der Felder. Links erfreuen Sie sich an der Aussicht auf einen Weinberg, der auf Sie zu warten scheint; rechts liegt schattiger Wald.

Auch an den nächsten Gabelungen folgen Sie dem Hauptweg und ignorieren kleinere Abzweigungen, wobei Ihr Weg ein kurzes Stück leicht abfällt. Nur wenige Meter, nachdem es wieder lichter und ebener geworden ist, können Sie links die ersten Häuser von **Maring-Noviand** entdecken.

Etwa bei km 13,7 stoßen Sie auf eine Gabelung, an der Sie den linken, ebenen Weg in Richtung der ersten Häuser Noviands wählen, anstatt rechts und bergauf zu laufen. Im Wohngebiet wird der Lieserpfad zum asphaltierten Weg, dem Sie bis zur T-Kreuzung mit der dicken Kastanie abwärts folgen. Hier biegen Sie rechts ab. Nach nur rund 30 m liegt rechts von Ihnen die Straße **An der Römerkelter** ❺ (km 14). Der Name verrät bereits, dass hier ein kleiner Abstecher möglich ist.

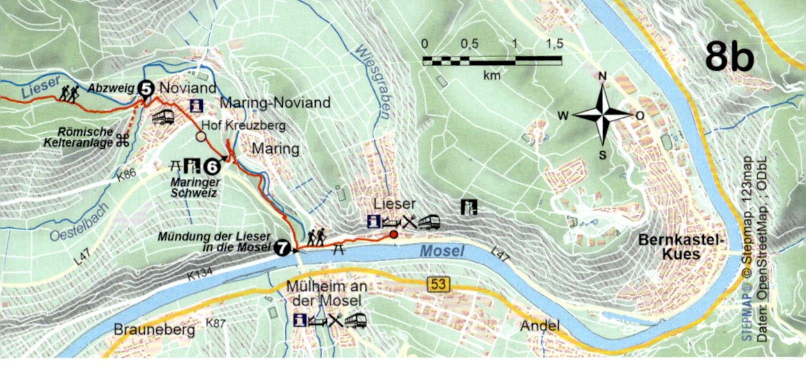


## Abstecher zur Römischen Kelteranlage

Möchten Sie dem gut 530 m langen Weg zur Römischen Kelteranlage folgen, so biegen Sie rechts ab in die Straße An der Römerkelter und folgen damit auch dem Schild, das in Richtung „Römische Kelteranlage“ weist. Über Asphalt geht es hoch, bis Sie auf eine große Gabelung treffen. Hier geht es links weiter, immer noch bergauf. Direkt vor einer kleinen Rechtskurve passieren Sie ein Marienhäuschen. Nur wenige Schritte später liegen drei Straßen vor Ihnen. Sie folgen weiter dem Wegweiser Richtung Kelteranlage, biegen also links ab, der Straße An der Römerkelter folgend. An der nächsten T-Kreuzung geht es links runter. Nach einigen weiteren Metern erscheint rechter Hand die ⌘ Kelteranlage mit Bänken und Picknicktisch .

## ⌘ Römische Kelteranlage Maring-Noviand

Bei dem Schutzbau handelt es sich um eine Kelteranlage, die von der 2.000-jährigen Geschichte des Weinanbaus an der Mosel zeugt. Das Kelterhaus stammt etwa aus dem Jahr 350 n. Chr. und beweist damit, dass an dieser Stelle einst eines der ältesten Weingüter der Mosel gestanden haben muss. Es macht außerdem deutlich, wie man einst den Most aus den Trauben gewann: Man kippte die Trauben in ein Becken und zerquetschte sie mit Stampfern – wahlweise auch mit den Füßen. In einem Presskorb wurden die Reste erneut ausgepresst. Der in ein Becken fließende Saft konnte dann abgezapft werden.

www.strassen-der-roemer.eu und www.bernkastel.de

## Maring-Noviand ⇧ 134 m, 1.600 Ew.,

Die Touristen-Information finden Sie im Ortsteil Noviand, Schulstraße 21, ☏ 065 35/94 42 00, tourist-info@maring-noviand.de, www.maring-noviand.de, April-Oktober Mo/Mi 9:00-14:00, Fr 9:00-13:00, November-März Mo/Mi 9:30-13:00. An diese wenden Sie sich am besten, falls Sie im Ort noch eine Übernachtungsmöglichkeit suchen sollten – hier hilft man Ihnen gerne auch dabei, ein Zimmer für nur eine Nacht zu finden, was nämlich vor allem in der Hochsaison nicht immer ganz einfach werden wird.

☺ Extratipp der Touristen-Information: „Zwar nicht direkt am Weg gelegen, aber als Abstecher lohnenswert, sind restlos alle Weingüter in Maring-Noviand. Man kann einfach an deren Türen klingeln. Einige Winzer halten auch Kleinigkeiten zum Essen bereit."

Im Ortsteil Noviand, den Sie durchwandern, können Sie an der ✞ Kirche den Bus 301 nach Wittlich oder Lieser nehmen.

Sollten Sie den Besuch der Kelteranlage auslassen wollen, so geht es für Sie an der Abzweigung nicht rechts, sondern geradeaus weiter. Sie überqueren die kleine Brücke über den **Oestelbach** und biegen anschließend sofort links ab in die aufwärtsführende Straße Zum Hüttenkopf. An der folgenden Lambertusstraße biegen Sie rechts ab. Der Straße folgen Sie, bis Sie auf die Brunnenstraße (K55) treffen. Halten Sie sich links und dann sofort wieder rechts, um in die Straße In der Duhr zu wechseln. Bei nächster Gelegenheit geht es rechts ab in die Straße Zum Brauneberg, die – wie der Name schon verrät – aufwärtsführt. Überqueren Sie die nächsten beiden Kreuzungen sowie die folgende Landstraße, um auf dem Radweg am Hof Kreuzberg vorbei über Wiesen und Felder in Richtung **Maringer Schweiz** weiterzuwandern.

Am Ende der Wiesen befinden sich rechter Hand drei Straßen, die Sie ignorieren. Stattdessen biegen Sie links ab. Der Asphaltweg führt Sie ein paar Meter abwärts, bis Sie rechts einen **Aussichtspunkt mit Kreuz ❻** (km 15,3) entdecken, von dem aus Sie eine wunderbare Sicht (nun ja, das hängt vermutlich vom Wetter ab) auf den Ortsteil **Maring** haben. Wenn Sie genug von der Aussicht haben, biegen Sie kurz vor dem Geländer links auf einen schmalen, abwärtsführenden Pfad ab, der den Einstieg in die beeindruckende Maringer Schweiz markiert.

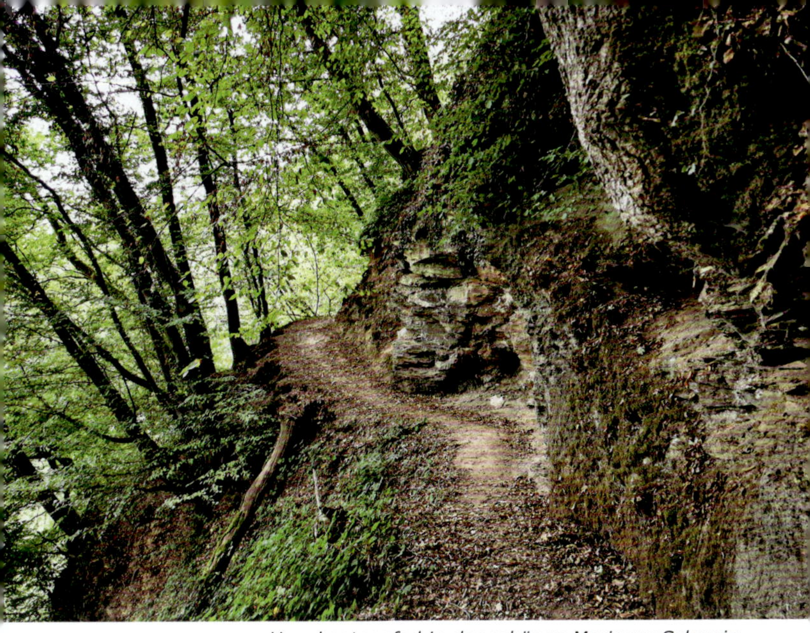

*Hangkantenpfad in der schönen Maringer Schweiz*

Sie folgen dem bezaubernden Hangkantenpfad abwärts, bis Sie scharf rechts abbiegen können – tun Sie dies dann bitte auch.

☝ Der 2-Täler-Weg, der Sie nun gemeinsam mit dem Lieserpfad hinabführt, verlangt von Ihnen, dass Sie Ihre Füße mit Bedacht setzen.

Schieferwände auf der rechten Seite und die Lieser links unter Ihnen verleihen dem Weg einen ganz eigenen Zauber. Sie passieren eine kleine Quelle und biegen an der nächsten Gabelung mit ⩩ Bank links ab nach unten.

An der nächsten Gabelung geht es für Sie dann rechts ab, auch wenn der Weg nach links mit einer Brücke nach Maring lockt. Ein paar Meter weiter erwartet Sie dafür eine Waldbrücke, die Sie nun überqueren. An der nächsten Kreuzung bieten sich drei Möglichkeiten: Rechts ginge es aufwärts mit dem Moselzuweg, was Sie ausschlagen. Der linke Pfad führt nur hinab zu einer ⩩ Bank.

Sie wählen den mittleren Weg, der bald zur Rechtskurve wird. Wie schon in der Plattener Schweiz führt auch dieser Abschnitt des Lieserpfades lustig auf und ab. Die Treppenstufen, die nach einiger Zeit rechts von Ihnen aufwärtsführen, ignorieren Sie zugunsten des abwärtsführenden Pfades.

Die nächste Minigabelung erwartet Sie kurz nach einer ⩫ Bank in der Nähe der Lieser. Halten Sie sich links. Der Weg wird nun wieder kurz ebenmäßig, bevor er erneut ein forderndes Auf und Ab bereithält. Nach der nächsten Gelegenheit zur Rast in Form einer ⩫ Bank in der Nähe der Lieser beschreibt der Weg eine scharfe Rechtskurve, die Sie über einen kurzen, aber knackigen Anstieg zur L47 hinaufbringt. Die zauberhafte Maringer Schweiz liegt nun hinter Ihnen.

Sie biegen links ab und folgen dem angenehm zu laufenden Wiesenweg, parallel zur Landstraße, hinab bis zur Unterführung. Ab hier geht der Wanderweg in Asphalt über. Die Unterführung rechts von Ihnen wird ignoriert; stattdessen wandern Sie geradeaus weiter. Unterqueren Sie die große Brücke und biegen Sie an der Hauptstraße links ab. Eine weitere Brücke bringt Sie ein letztes Mal über die Lieser. Nehmen Sie sich einen kurzen Moment Zeit, um zu registrieren: An genau dieser Stelle mündet die Lieser, an deren Quelle Sie noch vor ein paar Tagen vielleicht gestanden haben, in die Mosel 🚏 ❼ (km 17,2).

➯ Gut 60 m nach der Brücke haben Sie die Gelegenheit, den Wiesenweg rechts runter zur Lieser/Mosel zu nehmen, um am Ufer Erinnerungsfotos zu schießen.

Sie wandern weiter an der **K134** entlang, bis diese eine Linkskurve beschreibt. Diese bringt Sie zur Hauptstraße, der **L47**, an der Sie rechts abbiegen. Das Ortseingangsschild von Lieser lässt nicht mehr lange auf sich warten. Kurz danach halten Sie sich rechts, um auf einem Seitenstreifen der Hauptstraße weiter zu folgen. Die Straße führt Sie an Restaurants, Weingütern und am Schloss Lieser vorbei, hinter dem Sie dann links in die 30er-Zone beziehungsweise in die Straße Am Markt abbiegen. Nach nur wenigen weiteren Metern sind Sie am Ziel angelangt: am Marktplatz von Lieser. Herzlichen Glückwunsch!

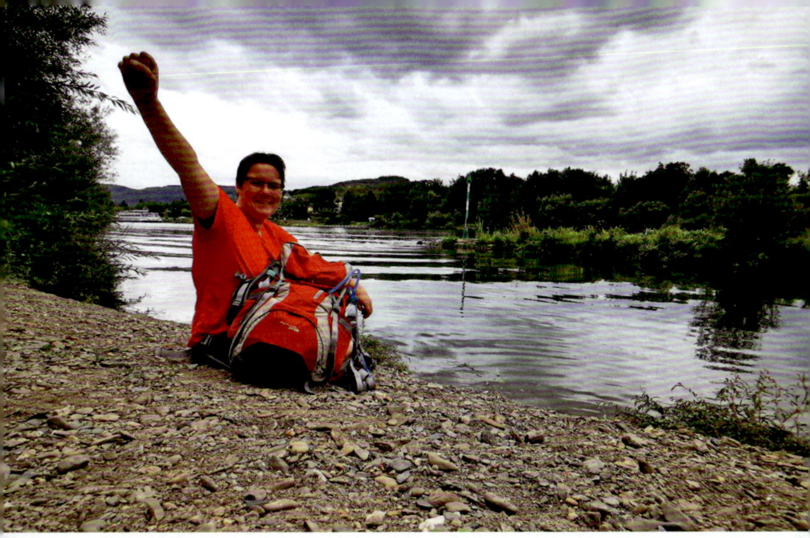

*Geschafft! Erinnerungsfoto an der Mündung der Lieser in die Mosel*

## Lieser ⇧ 117 m, 1.239 Ew.

Gemeindebüro Lieser, Am Markt 38, ☏ 065 31/87 46, info@lieser-mosel.de, Mai-Oktober Mo-Fr 10:00-12:00 und 16:00-17:30, Sa 10:00-12:00

Landhotel Steffen, Moselstraße 2, ☏ 065 31/95 70, info@landhotel-steffen.de, www.landhotel-steffen.de, ÜF EZ ab € 48, DZ ab € 85, Restaurant Mo, Di, Fr, Sa, So 12:00-21:00 (warme Küche von 12:00-14:00 und von 18:00-21:00), Do ab 15:00 (warme Küche ab 18:00), Mi Ruhetag, rund 400 m vom Endpunkt des Lieserpfades entfernt

Gutsausschank Hugo Hower, Moselstraße 42-43, ☏ 065 31/34 46, info@weingut-hower.de, www.weingut-hower.de, Straußwirtschaft-Flair, direkt am Weg gelegen, Winzerweine und Winzerküche, April Fr/Sa/So/feiertags ab 15:00, Mai-Oktober Do-Mo ab 15:00, Küche bis 20:00, Di/Mi Ruhetage

Gaststätte Felsenkeller, Hochstraße 3, ☏ 065 31/947 38, Di-So ab 16:00, Mo Ruhetag

Der Bus 301 bringt Sie zurück nach Wittlich. Von dort aus gelangen Sie am besten mit dem Zug nach Koblenz, über Bonn und Euskirchen bis zum Startpunkt des Wasserfallweges in Bad Münstereifel. Sind Sie nur den Lieserpfad gelaufen, so gelangen Sie am besten mit dem Bus nach Wittlich, von dort aus weiter mit dem Bus nach Daun und erneut mit dem Bus bis Boxberg.

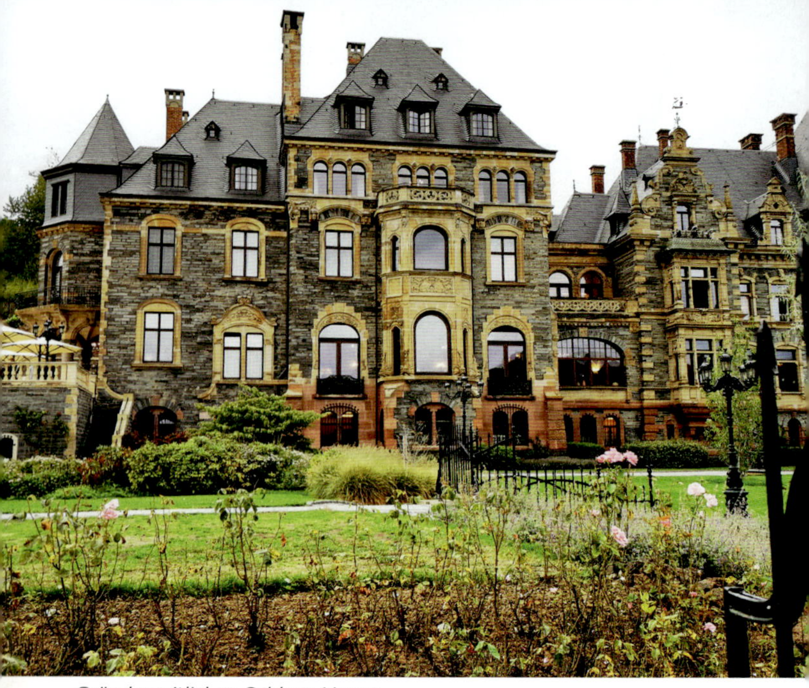

*Gründerzeitliches Schloss Lieser*

Am charmanten Ziel Ihrer langen Reise heißt alles Lieser – der Fluss, der Ort und das mondäne Schloss, das zwischen 1884 und 1887 entstanden ist. Lieser ist mit einer Rebenfläche von gut 180 ha einer der größten Weinorte an der Mosel, kommt aber dennoch ziemlich verträumt daher.
Die Pfarrkirche St. Peter von 1782 thront auf einem Felsen und überragt diesen Ort, der aus vielen hübschen Bürger- und Winzerhäusern besteht. Natürlich sind hier Wassersportarten hoch im Kurs, aber auch Drachenfliegen und sogar Alpakawanderungen sind möglich. Alternativ schlendern Sie durch verwinkelte Gassen, speisen in historischen Weinkellern oder an der Mosel.

Lieser hat einige Sehenswürdigkeiten zu bieten. Schon der alte Marktplatz mit sich schlängelndem Wasserlauf und dem restaurierten Marktbrunnen ist ein echter Hingucker.

## ♜ Gründerzeitliches Schloss Lieser

☺ 🛏 ✕ Wer sich einen extravaganten Abschluss gönnen möchte, kann die Küche des Hauses ausprobieren oder gleich ein Zimmer im Schloss buchen. Auch wenn das natürlich seinen Preis hat.

Der im Gasgeschäft tätige Industrielle und Politiker Eduard Puricelli (1826-1893) erbaute das Schloss, das später zum Sitz der Familie Schorlemer-Puricelli wurde. Clemens Freiherr von Schorlemer-Lieser war 1910-1917 Staatsminister für Landwirtschaft, Domänen und Forsten. Außerdem war er ein Freund eines berühmten Mannes – weshalb Kaiser Wilhelm II. hier mehrfach zu Gast war. Die Mosel im Rücken blicken Sie rechts auf den im Neorenaissancestil gehaltenen Teil, während der linke Teil des Baus dem Jugendstil zuzuschreiben ist. Erbaut wurde das Schloss aus Sandstein, eingedeckt ist es mit Schiefer.

1981 erwarb die Gemeinde das Schloss für DM 600.000, verkaufte es für 2 Millionen Euro weiter an einen Investor, der ebenfalls verkaufte –für 1,2 Millionen Euro.

Heute ist das Schloss Hotel und Restaurant der gehobenen Preisklasse. Was das Restaurant anbelangt, so gibt es neben der Schlosskarte auch eine Terrassenkarte mit kleineren Preisen. Als Filmkulisse diente das Schloss übrigens auch schon: In „Moselfahrt aus Liebeskummer“ mit Will Quadflieg (1953) ist es einige Male zu sehen.

♦ Mehr zum Schloss gibts auf 💻 www.schlosslieser.de.

## ⌘ Der alte Posthof

Dem Umstand, dass Lieser an der im 16. Jahrhundert entstandenen niederländischen Postroute von Brüssel über Augsburg und Innsbruck bis nach Italien lag, ist es zu verdanken, dass Sie heute ein wahres Kleinod entdecken können: den alten Posthof.

Das Thurn und Taxis'sche Anwesen der einstigen Poststation, gelegen an der Straße Am Alten Posthof, wurde wahrscheinlich erstmals 1522 erwähnt. Bis zum Jahr 1672 war es als Hauptpostamt von Kurtrier bekannt. 1725 wurde das ehemalige Posthaus umgebaut: Man machte ein Wohnhaus daraus. Viele Umbauten folgten. Zwischenzeitlich beherbergte das Ensemble auch eine Schmiede und eine Bäckerei, nach dem Ersten Weltkrieg Winzerhäuser.

Im einstigen Posthaus erfahren Sie heute mehr über die Geschichte des Anwesens. Des Weiteren befinden sich hier mehrere Ferienwohnungen.

Über die wechselvolle Geschichte des malerischen Bautenensembles erfahren Sie mehr auf der Seite 💻 www.alter-posthof-lieser.de. Dieses historische und umfangreiche Archiv wird von Hans-Ludwig und Gudrun Meyer aus Lieser gepflegt.

## ✞ Paulskirche auf dem Paulsberg

Stehen Sie mit dem Rücken zur Mosel auf dem Marktplatz, so führt Sie die Paulsstraße hinauf in die Weinberge. Nach gut 2 km erreichen Sie einen zauberhaften kleinen Ort: Die Paulskirche auf dem 270 m hohen Paulsberg ist die wohl älteste Kirche der Region. Ihre Ursprünge reichen vermutlich zurück bis ins 7. Jahrhundert. Bis ins 16. Jahrhundert hinein diente sie als Pfarrkirche. Früher war die Kirche sogar ein viel besuchtes Wallfahrtsziel, zu dem Gläubige aus 14 Ortschaften pilgerten. Im Oktober 1848 fand hier in der Weinkrise eine Kundgebung statt, an der rund 15.000 Menschen teilnahmen, um gegen die Not der Winzer zu demonstrieren.

Vor diesen harten Zeiten hatten 200 Jahre lang Einsiedler im Vorbau der Kirche gehaust, die die Kapelle säuberten, die Glocken läuteten und sich um die Andacht kümmerten. Einer der Letzten seiner Art war „Paulsbruder Rickes“. Als er das Zeitliche gesegnet hatte, wurde die Kirche geplündert. Erst in der 1970er-Jahren machte man sich an die Renovierung des Gotteshauses, in dem seither stets am 1. Mai das Pfarrfest begangen wird.

♦ Dieser Tage ist die Kirche zu folgenden Zeiten geöffnet: Mai-Oktober 10:00-14:00 teilweise, 14:00-17:00 komplett. Führungen können mit Annemarie Pfeiffer unter ☏ 065 31/64 57 vereinbart werden.

## „Die schönste Weinsicht 2020“-Tour: „Vom Strom zum Urstrom“

Es handelt sich um eine 16,5 km lange Rundtour, die man in Lieser (Marktplatz) oder Wehlen beginnen kann. Sie führt unter anderem durch die Weinberge zur Paulskirche, über das Kueser Plateau, den Obstartweg in Wehlen, zur Hambuchhütte sowie zur Stele „Schönste Weinsicht 2020“ des Künstlers Ulrich Schreiber. Dessen handgefertigten Kunstwerke werden im Rahmen eines Wettbewerbes, der alle vier Jahre stattfindet, jeweils an den „Schönsten Weinsichten“ aufgestellt.

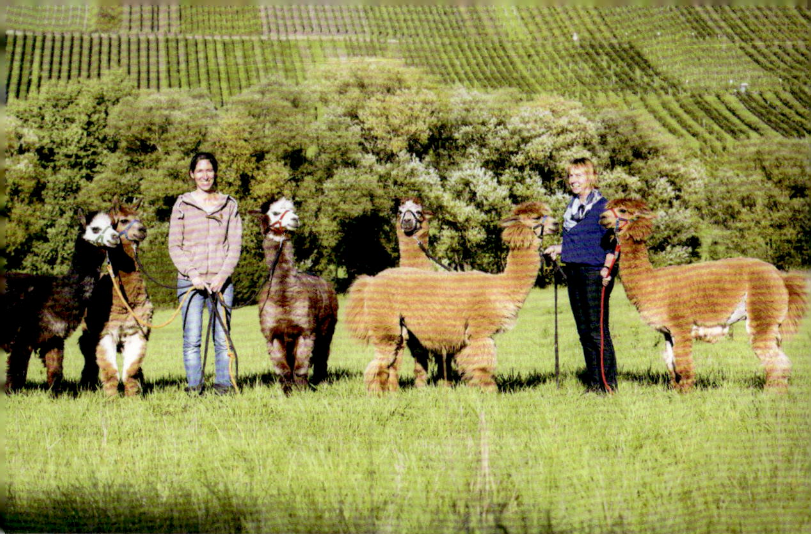

*Sehr zu empfehlen: Die Wanderung mit Alpakas in den Weinbergen*
*Abayomi Helbig*

Alle ausgezeichneten „Weinsichten“, Rundwanderungen mit Beschreibungen und Geo-Daten finden alle, die vom Wandern nicht genug bekommen können, auf www.deutscheweine.de unter dem Reiter „Tourismus“.

### Abayomi: In die Weinberge mit Alpakas

Vielleicht haben auch Sie beim Surfen im Internet schon einmal begeistert „Oh – wie süüüß!“ gerufen, wenn Ihnen Bilder von flauschigen Alpakas vor die Nase gesetzt wurden. In Lieser können Sie mit diesen Tieren auf Wanderschaft gehen. Möglich macht das die Tierfarm Abayomi. Das afrikanische Wort bedeutet „freundliches Zusammentreffen“. Und genau das machen Silke Kost sowie Katrin Helbig durch ein einmaliges Erlebnis möglich: das Wandern mit Alpakas durch die moseltypischen Weinlagen – Selfies mit den Vierbeinern sind inklusive. Die Wege sind gut befestigt, die Spaziergänge eignen sich also auch für Kinder. Selbst Hunde dürfen nach Absprache mitwandern. Möglich ist eine solche Tour bereits ab zwei Personen (ab € 16 pro Person). Der Ausflug dauert circa zwei Stunden.

♦ Mehr Infos gibt es bei Katrin Helbig unter ☏ 065 35/10 01 und auf abayomi-lieser.de.

Lieser gegenüber liegt der Ort **Mülheim**, mit Lieser durch eine Brücke verbunden. Hier finden Sie Supermärkte, eine Apotheke, aber auch eine erstaunliche Geschichte.

## Mülheim

119 m, 1.027 Ew.,

Touristinformation Mülheim, Hauptstraße 60, 065 34/94 87 34, info@muelheimmosel.de, www.muelheimmosel.de/touristinfo, Mai-Oktober Mo/Di/Do/Fr 9:00-12:00 und 14:00-17:00, Mi/Sa 9:00-12:00, November-April Mo/Di/Do 9:00-12:00 und 14:00-17:00

Wellness & Genuss Hotel Weisser Bär, Moselstraße 7, 065 34/947 70, info@hotel-weisser-baer.de, www.hotel-weisser-baer.de, ÜF EZ ab € 115, DZ ab € 149 (inklusive Bärenfrühstück), Restaurant 18:00-21:30, Biergarten direkt an der Mosel täglich von 12:00-20:00. Besonderheit: Seit März 2017 erweitert das Hotelschiff River Bär mit 97 m Länge und fast 12 m Breite das Zimmer- und Gastronomieangebot des Hotels. Hier können Sie direkt auf der Mosel übernachten, aber auch an Veranstaltungen wie einem Lunch mit Schifffahrt oder Live-Cooking teilnehmen. Zudem wird an verschiedenen Tagen ein Frühstücksbuffet angeboten. Entspannen können Sie in der 1.000 m² großen Wellnessoase, rund 850 m vom Weg entfernt.

### Napoleon

Einer der wohl berühmtesten Gäste des Ortes war Napoleon. Dieser ließ sich für kurze Zeit in der Nähe Mülheims nieder, nachdem die Völkerschlacht bei Leipzig verloren war. Einer seiner Soldaten flirtete 1813 ein wenig zu heftig mit einer Winzersfrau, deren Mann den Soldaten kurzerhand tötete.

Napoleon wollte Rache: Man solle den Mann ausliefern, ansonsten stünde eine Brandschatzung bevor. Der Bürger Ludwig Niessen rettete Mülheim, indem er ihm 3.000 Taler anbot, die Napoleon auch freudig entgegennahm.

Niessen erhielt von der Gemeinde zum Dank ein Stück Land, legte einen Weinberg an, nannte ihn (in Erinnerung an die preußische Königin) Louisenweinberg und machte viel Geld. Denn der bald schon „Elisenberg“ genannte Wingert zeichnet sich auch heute noch durch eine exzellente Rieslinglage aus.

Das auf dem Berg zu findende Elisenhäuschen bietet wunderschöne Aussichten.

## Das Luftschiff Graf Zeppelin

Eine weitere Begebenheit, die sich in Mülheim zutrug, aber in der ganzen Welt bekannt wurde: Am 7. August 1929 startete hier das Luftschiff Graf Zeppelin seine allererste Reise.

## Weinfest mitten in der Woche

Eine Besonderheit gibt es zum Weinfest des Ortes zu berichten: Es nennt sich Mülheimer Markt, findet im August statt, beinhaltet einen Festumzug – und es handelt sich um das einzige Weinfest an der Mittelmosel, das in der Woche gefeiert wird. „Wer saufen kann, kann auch arbeiten!“, sagte mein Vater immer. Sieht man in Mülheim an der Mosel wohl genauso.

*An der Mosel gibt es viele Weinsorten*

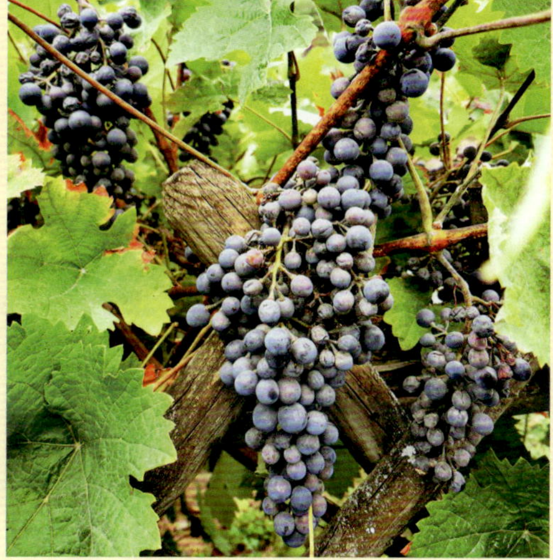

# Index

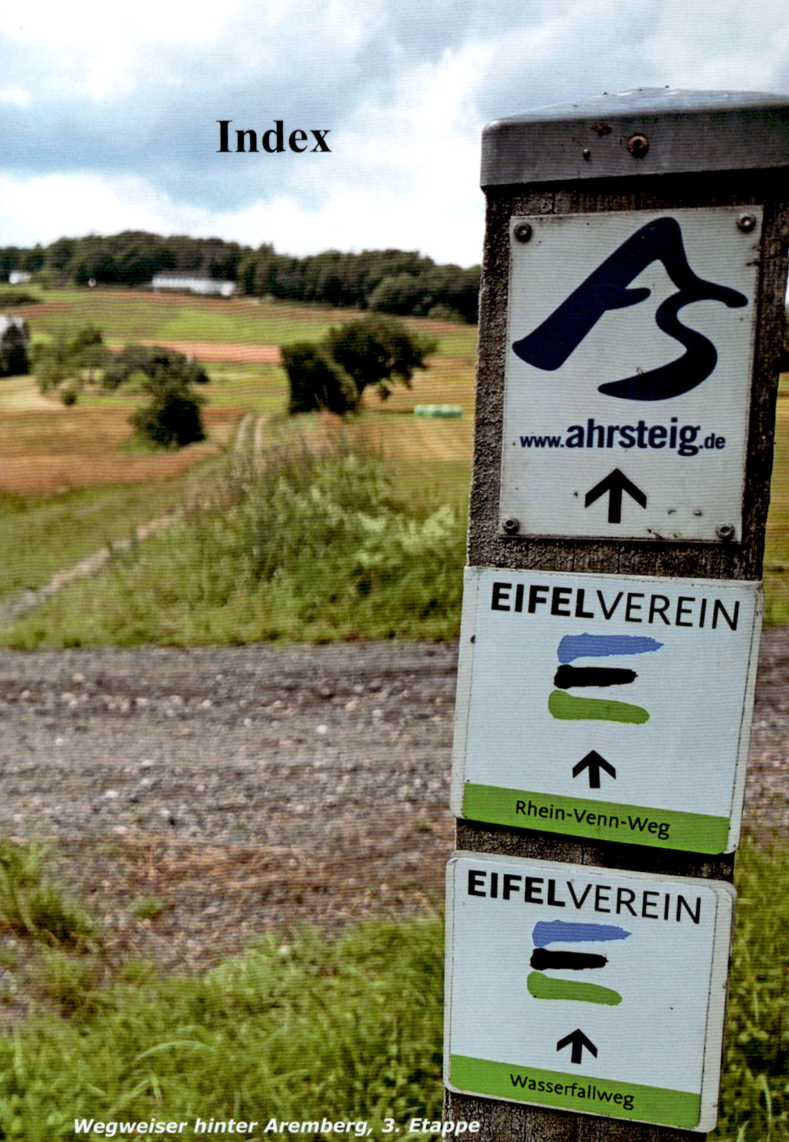


*Wegweiser hinter Aremberg, 3. Etappe*

# A



# B



# D



# E



# F/G



# H/I



# K



# L

## M



## N



## P



## R



## S/T



## U/V



## W/Z